リモートワークに労働時間管理はいらない

社会保険労務士

奥村 禮司 著

OFFICE WORK

JN026895

日本法令

はしがき

　新型コロナウイルス感染症が拡大するまで、多くの企業がリモートワークを自分の会社に導入するのは無理と考えていました。しかし新型コロナウイルス感染症という黒船が来航した途端、リモートワークせざるを得なくなり、一気に普及していまや当たり前となっています。

　しかしリモートワークを導入しても、実際にどのように時間管理して良いか分からず、「常時 web カメラで接続しながら自宅で勤務するよう求められる」、「離席する際にはチャットに投稿しなければならない」、などといった囚人さながらの管理をする企業も現れています。トイレで離席するときも「トイレに行きます」と上司やチーム全員に断らなければならず、ハラスメントになりかねないような例もみられます。勤務開始時刻や終了時刻をメールで送り、今日の予定や行うべき業務内容、終了時には今日1日の業務を報告させています。こうした現場では、上司から送られてきたメールに即答しないだけで仕事をしていないとみなされたり、上司からの電話に出なかっただけで「サボっていたのか？」と疑われてしまいます。「中抜け時間？ふざんけんな！」と言われかねない状況です。リアルに出社するのが当たり前だった時代、いまの部長や取締役世代は「ちょっと、一服」とタバコを吸いによく「中抜け」していました、それも堂々と……。「中抜け時間？ふざんけんな！」と言っていること自体「ふざけんな！」と言いたくなります。

　社員のほうも、メールで送った業務報告が今日1日中かかって仕上げた業務であっても、報告書には「顧客への営業資料作りおよび見積書の送信」のたった十数文字となり、上司がこのことを理解してくれるのかどうか不安でいます。自分をアピールすることがうまい社員だけが評価されているのではないか疑心暗鬼となっています。「自分は一生懸命仕事をしている」ということをどうアピールしたら良いか分からず、その答えの1つが、「夜遅くまでかかって仕上げました！」という長時間労働のアピールとなってしまっているのです。

　リモートワークしている社員の時間管理をしようとすると、マイクロマネジメントになってしまいがちです。「どこ行くの？」「何してるの？」子供じゃあるまいし、いまどきの言葉で言えば、「ウザい…！」

です。マイクロマネジメントは、必要な場合もありますが、社員から「信頼されていないのではないか？」と不安にさせるものでもあります。時間管理をしないと、社員は仕事をサボるのでしょうか？

　そもそも自宅など会社の外にいて仕事をしているリモートワークにおいて、時間管理ができるのでしょうか？　時間管理は必要なのでしょうか？

　実は、「リモートワークであっても、時間管理をしなければいけない。」というのは誤解であり、間違いなのです。

　仕事は完成することが大事です。完成するのであれば、それが短時間で完成しても、逆に長時間かかって完成したとしても変わりはないはずです。ところが、日本では長時間かかって完成したほうが、評価が高く賃金も高い傾向があります。「夜遅くまで頑張っているな。」という評価がまさにその典型です。賃金は本来、労働の対価であって労働時間の対価ではないはずです。大事なことは労働時間ではなく、仕事を完成させたかどうかのはずです。

　もしも、短時間で集中して仕事を終わらせるのも、長時間かかって仕事を終わらせるのも、どちらも賃金は同額であったとすると、社員はどちらを選択するでしょうか？　自ずと回答が出てきます。実は、そんな労働時間の管理方法があるのです。

　本書は、そのためにはどのような労働時間の管理方法が良いのか。そもそも会社が労働時間の管理をしなければいけないのか、管理すべきなのか。社員本人に労働時間の管理を任せるべきではないのか、いや「労働時間管理なんかするな！」というものです。

　本書が皆さんのお役に立ち、なぜ労働時間の管理をするのか、あらためてちょっと立ち止まって考えてみる、そんな書籍であればと願っています。

　最後に、様々な情報提供をいただき、貴重なアドバイスをいただいた久松洋祐氏にこの場をお借りして感謝申し上げます。

2021年6月

奥村　禮司

2

目　次

第1章　リモートワークだけでは労働生産性は上がらない！　上がるための仕組みが必要
〜「社員に任せる」〜

第2章　労働時間管理しないリモートワーク
〜「みなし労働時間制」は、労働時間把握義務の適用が除外されている！〜

第3章　労働時間管理するが、しないようなリモートワーク
～疑似的「みなし労働時間制」とフレックスタイム制～

第6章　副業や兼業の労働時間管理
～リモートワークと副業・兼業～

第7章　リモートワークによる意識の変化
～たがかリモートワーク。リモートワークのための変革は不要！～

第 1 章

リモートワークだけでは
労働生産性は上がらない！
上がるための仕組みが必要
～「社員に任せる」～

1 日本のリモートワークは 働きづらい勤務形態

　リモートワークに、明確な定義はありません。行政や企業によって
はテレワークといってみたり、在宅勤務のことをいってみたり、もし
くは、「情報通信技術を活用し、遠隔地で仕事を行うこと」などさま
ざまです。日本で言っているリモートワークと、海外で言っているリ
モートワークも違います。そこで、この本では、リモートワークを次
のように定義したいと思います。

　単に職場が企業のオフィスでは
ないこと、自分の仕事を遂行する
にあたり、「場所に制約がなくオ
フィスから離れた場所で仕事を遂
行すること」です。欧米であれば、
リモートワークとは、「場所だけ

でなく時間的な制約もなく、柔軟な働き方」working anytime
anywhere（いつでもどこでも働く）であるはずですが、日本では場
所だけであって、時間的な制約を設けており、working anywhere（ど
こでも働く）だけで、anytime（いつでも）がないため、柔軟な働き
方にはなっていません。日本のリモートワークは、実はとても働きづ
らい勤務形態です。よく日本のリモートワークを欧米のリモートワー
クと比較しますが、そもそも中身が違うものであり、本来は比較でき
ないものです。

　リモートワークを、何か労務管理や人事管理上の大きな制度であり、
リモートワークを導入したこと自体が大きな成果であるような、そん
な勘違いをしている企業が日本には多いように思います。リモート
ワークは、自分の仕事を遂行するにあたり、単に職場が企業のオフィ

スではなく、自宅やカフェ、シェアオフィスやコワーキングスペースなどのサテライトオフィスなどで行われるだけのことにすぎません。

> Telegraph・Telegram・Telephone・Telex・Television 等々、Tele という言葉がつくものは、いつしか廃れてしまっています。Telework（テレワーク）も Tele という言葉がつきます。このため、「これから」という思いも込めて、本書では Remotework（リモートワーク）としています。
>
> 以降、本文中に参考資料として提示している行政府のガイドライン等では「テレワーク」となっていますが、「リモートワーク」も「テレワーク」も実質的には同じような意味のものですので、同じものとして読んでください。

2 リモートワークの必然性

　リモートワークは、企業の存続問題を考える上でも大変重要なことであり、企業のリスクヘッジに備えるためのものでもあります。大規模地震（東日本大震災、熊本地震など）や大型台風による事業へのダメージ、新型ウイルス感染拡大（新型インフルエンザ、新型コロナウイルスなど）による拠点機能の麻痺、さらに政治リスクによる海外拠点からの引き上げ等――。リモートワークは、このような突発的なリスクに対しての備えともなり、リスクに対応できるような組織へと変わっていくためのものでもあります。

　毎年冬の時期になるとインフルエンザが流行します。自宅等でのリモートワークであれば、インフルエンザウィルスに感染するリスクが少なくなります。

　2019年、関東各地に大きな被害をもたらした台風15号。出勤前に台

風による被害が想定できていたにも関わらず、多くの人がそのさ中に会社に向かいました。そして、台風の被害により死亡した人の実に15%はこの通勤途上によるものです（NHK調査）。リモートワークを導入してさえいれば、このような被害に遭わず、また大切な人を亡くさずに済んだかもしれません。

これから就職を控える今の大学生が求めているものも、自然災害などのリスクを意識した「変化に適応できる働き方」です。

3 リモートワークの導入目的は？

リモートワークの導入目的は、何でしょうか？　リモートワークの目的は、導入することではなく、社員が働きやすい職場環境を作っていくこと、そして一人一人の労働生産性、パフォーマンスを上げていくことにあるのではないでしょうか。

特に現場のある職場、建設や運輸、鉄道、製造などでは労働生産性を上げることが求められ、これ以上ないほどに労働生産性を上げています。労働生産性を上げることができていないのは、管理部門や事務部門等バックヤードです。現場部門が稼いでいる資金を、管理部門が時間外労働などにより食いつぶしていく、それが許されるのでしょうか？　管理部門や事務部門等バックヤードこそ、労働生産性を上げる必要があるのではないでしょうか。

現場でのリモートワークは、それでも徐々に浸透はしてきていますが、なかなか難しいのが現状です。このため管理部門や事務部門等バックヤードこそ、リモートワークを導入すべきです。

リモートワークは、単に「場所に制約がなくオフィスから離れた場所で仕事を遂行すること」ですので、労働生産性を上げるためには、さらに「柔軟な働き方」をサポートするための制度が必要です。

リモートワークの導入目的
・社員が働きやすい職場環境を作っていくこと
・一人一人の労働生産性、パフォーマンスを上げ
　ていくこと

リモートワークだけでは労働生産性は上がらない、上がるための仕組みが必要

　新型コロナウイルス感染症拡大による緊急事態のときに、「リモートワークを導入し、労働生産性が上がったかどうか？」といった調査があちこちで行われていましたが、「労働生産性が上がった」という回答はとても少ないものでした。逆にリモートワークを導入し、労働生産性が下がったという割合がとても高くなってもいます。これは諸外国との比較においては、明らかに異質です。もっとも欧米では、働きやすい労働環境の１つとしてリモートワークが浸透しており、労働生産性の高い社員が選択できる働き方ということもあるのですが……。

　そもそも、リモートワークを導入したからといって、労働生産性が上がるのでしょうか？　むしろ、労働生産性が上がると考えるほうが間違っています。リモートワークは、「場所に制約がなくオフィスから離れた場所で仕事を遂行すること」であり、それ自体が、労働生産性を上げる制度ではないのです。

　そもそもオフィスに出社し勤務するリアルな世界ですら労働生産性が上がっていないのに、リモートワークを導入したからといってすぐに生産性が上がる訳はないのです。生産性を上げるためには工夫が必要です。ではどうすれば、労働生産性が上がるのでしょうか？

それは「社員に任せる」ことです。社員の自主性を重んじ、仕事の進め方を社

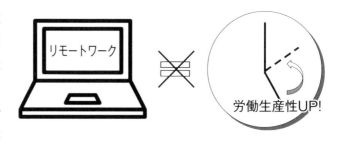

員本人の裁量に任せることができるのであれば、リモートワークを導入し、事業場外労働による「みなし労働時間制」を採用することにより、労働生産性を上げることが可能なのです。

事業場外労働による「みなし労働時間制」では、労働時間管理をせず、さらに時間外労働や深夜労働による割増賃金、そして休日労働による割増賃金を支払うことも不要になります。ただし、会社があくまでも社員の自主性を重んじ、指示命令をせず管理しない仕事の進め方で社員本人の裁量に任せるということができればの話です。

例えば、1日8時間勤務し、8,000円が支給されている正社員（出社勤務）がいたとします。1月の給与を勤務日数で割ると1日8時間8,000円ということです。時間単価で考えれば1時間1,000円となります。この正社員が、2時間残業し10時間働けば10,000円＋割増賃金となります。ところが育児や介護等により短時間勤務となり、6時間勤務となった場合は、6,000円しかもらえません。8時間勤務が6時間の短時間勤務となり2時間分が減った訳ですから当然です。勤務時間が2時間減った分、仕事の内容もきっちり2時間分減らされていれば問題もありません。ところが、仕事の内容もきっちりと2時間分減らされているかというと、往々にしてそんなことはなく、人手不足の現状では実際には概ね1時間分、もしかしたらほとんど減らされないということもあるかもしれません。ところが本人としては保育園へのお迎えがあったり、介護のことがあったりすれば、6時間で仕事を終わ

らせなければならず、なんとか終わらせて帰ります。当然に仕事を効率よく終わらせ、労働生産性を上げなければなりません。計画性を持って、今日中に仕上げるべき仕事と、明日に回せる仕事とに分け、テキパキと仕事を進めていきます。同僚がコーヒーを飲んでいるのを横目で見ながら、仕事を進めていきます。ところが、労働生産性が上がっても誰からも評価されず、そればかりか6時間勤務であるために、1日6,000円の給与しかもらえません。

　今の制度では労働生産性を上げ、効率良い仕事をすればするほど損になるのです。逆に労働生産性を下げて、効率悪い仕事をすればするほど、残業すればするほど、給与がアップしていきます。出社勤務するリアルな職場では、なかなか労働生産性は上がりません。労働生産性を上げ、効率良い仕事をし、仕事を早く終わらせれば、上司から「じゃあ、これもやっといてくれ！」と、さらに仕事が増えていきます。労働生産性を上げ、効率良い仕事をすればするほど損になるため、労働生産性が高く、効率良い仕事をする社員は、適当に仕事を延ばし勤務時間内で終わるようにしていきます。ユニチャームが社内で「労働生産性の高い人」は誰かといった調査を行いましたが、その結果、社内で労働生産性が高く効率良い仕事をしている人は、ほとんどが育児や介護等により勤務時間に制約のある短時間勤務者であったといいます。労働時間が制約されれば、制約された時間内でなんとか仕事を終わらせようとする、また終わらせなければならないので必然的に労働生産性が上がるのです。しかし、「労働生産性が高い！」「素晴らしい！」と評価されても、給与は下がっているのです。

■例）1日8時間8,000円が支給されている正社員（出社勤務）

労働時間	1時間単価で1,000円となるので……	事業場外労働による「みなし労働時間制」を採用すると……
8時間	8,000円	1時間単価で1,000円
10時間	10,000円＋割増賃金	1時間単価で　800円
6時間	6,000円	1時間単価で1,333円

　では、リモートワークを導入し、事業場外労働による「みなし労働時間制」を採用した場合は、どうでしょうか？　事業場外労働による「みなし労働時間制」は、労働時間を算定し難いために、1日8時間働いたとみなして8,000円支給される制度です。1日10時間働いても8時間働いたとみなして8,000円しか支給されず、逆に1日6時間しか働いていなくても8,000円支給されます。1日8,000円支給される訳ですから、8時間働けば時間単価に換算すると1時間1,000円となります。ところが1日10時間働いたとなると時間単価に換算すると1時間800円にしかなりません。労働生産性を上げ、効率良い仕事をして6時間で仕事を終わらせれば1時間単価に計算すると1,333円となり、労働生産性を上げ、効率の良い仕事をしたほうが得をすることになります。もちろん実際は1日8,000円しかもらえないので、労働生産性を上げ、効率よく早く仕事を終わらせても、労働生産性を下げ、効率悪く遅く仕事を終わらせても、支給される給与は1日8,000円と変わりません。しかし、1日8,000円しか支給されないのであれば、効率良く早く仕事を終わらせても、効率悪く遅く仕事を終わらせても同じなのですから、「ゆっくり遅く仕事を終わらせよう」と仕事にかける時間をできるだけ長くしようと考えるでしょうか？　同じ1日8,000円しか支給されないのであれば、多くの社員は、「効率良く早く仕事を終わらせよう」と、自ずと自分に得になる方向を考えるのではないでしょうか？　つまり、必然的に労働生産性が上がっていくのです。

　いくら企業が率先して、「労働生産性を上げろ！」と命令しても、企業の労働時間制度そのものが労働生産性を上げれば上げた分だけ損であれば、よほど意識が高い社員でない限り、労働生産性を上げるのは難しいのです。そうではなく、労働時間制度そのものが労働生産性を上げた分だけ得な制度となれば、多くの社員は自ら考えて、労働生産性を上げていくのではないでしょうか？　企業が命令してやらせるのではなく、社員の自主性を重んじ、社員本人に任せることこそが大事なのです。そうすれば、社員自らが考え行動するのです。

　これは事業場外労働による「みなし労働時間制」を採用するからこそできるものであり、リモートワークを導入したから労働生産性が上げられる訳ではありません。そして、これは出社勤務というリアルな職場ではできないのです。後述する専門業務型裁量労働制や企画業務型裁量労働制を採用すれば可能ですが、これらの制度が導入できるのは一部の社員に限られてしまいます。限られた社員だけではなく誰しもに採用が可能な制度であり、リモートワークを導入するからこそ労働生産性が上がる制度、それが事業場外労働による「みなし労働時間制」なのです。

6時間しか働かなくても8時間働いたとみなす制度

　「社員に任せる」と労働生産性が上がった良い例があります。ZOZOTOWN というファッションモールを運営している企業、ZOZOの労働時間制度「ろくじろう」です。「ろくじろう」は、この企業の就業規則上では始業9：00a.m. から終業時刻6：00p.m. までの8時間となっている所定労働時間を、昼食休憩1時間を取らずに15：00p.m. までの6時間で仕事を切り上げて退社して良いという制度です。2012年5月から運用を始めています。6時間で仕事を切り上げて退社して

も、2時間分の給与が減額されることはなく、8時間分の給与が保障されます。つまり8時間仕事をしても、6時間で仕事を切り上げても給与は変わらないということです。もちろん、8時間を超えれば残業代も支給されます。

労働基準法上、6時間を超えれば45分を超える休憩を与える必要がありますが、逆に6時間を超えなければ与える必要はありませんので、問題はありません。昼食休憩1時間を取らずにといっても、実際は、仕事をしながらパンなどの軽食を取ることは許容しています。仕事から離れて食事をとる場合は、昼食休憩としてくれということです。

この企業では慢性的に残業が多く、残業の削減を目指し、いろいろな施策を試みるもなかなか残業が減らなかったようです。小売業であり、お客様あっての商売ですから社員からも「残業なんてなくなるわけないだろう！」と文句を言われる始末でした。ところが、この「ろくじろう」を導入したところ、多くの社員が6時間で退社するようになり、一日の労働時間も9時間台から7時間台に減りました。「残業なんてなくなるわけないだろう！」と言っていたのに、残業がなくなり、それも2時間分。この2時間分はなんだったのでしょうか？　この2時間分はどこへ行ってしまったのでしょう？　そして2時間分減ったので、労働生産性が下がったかというと、社員1人あたりの労働生産性も上がりました。

「ろくじろう」を導入したことにより、何よりも変わったのが働き方に対する意識です。「6時間で仕事を終えて退社するためには、どうしたら良いか？」ということを社員本人が自ら考えるようになりました。

繰り返しになりますが、労働時間制度そのものが労働生産性を上げた分だけ得な制度となれば、多くの社員は自ら考えて、労働生産性を上げていくのです。企業が命令してやらせるのではなく、社員の自主性を重んじ、社員本人に任せることこそが大事なのです。「社員に任

せる」──そうすれば、社員自らが考え行動するという良い例です。

労働基準法

第34条　使用者は、労働時間が6時間を超える場合においては少くとも45分、8時間を超える場合においては少くとも1時間の休憩時間を労働時間の途中に与えなければならない。

 ## 「わが社は、水曜日がノー残業デー」なんてナンセンス

　残業削減のための制度として、ノー残業デーを実施している企業が多くあります。「わが社は、水曜日がノー残業デーです。」よく聞くフレーズです。水曜日、ノー残業デー。水曜日に仕事がないのかな？と思います。取引先との関係は、どうするの？　水曜日、社員が「今日、私は絶好調！」やる気満々の社員に「今日は、ノー残業デーだから帰れ！」というのでしょうか？　今日は自分の気持ちが乗っていて、仕事がはかどっている、また仕事の締切りに追われている、にも関わらず「今日は、ノー残業デーだから帰れ！」と言われたらどうでしょうか？

　ある大手企業の話です。企業名は申し上げられません。その大手企業も、御多分に漏れず「わが社は、水曜日がノー残業デー」としています。水曜日になると、取締役が自ら率先して社員が残業しないように追い出しにかかります。一部の例外を除き、ほとんどの社員が退社したのを確認してから、取締役も退出します。取締役自らが社員を追い出し、水曜日にノー残業デーが実行されていることを確認できる訳ですから、素晴らしいことをしているつもりでいます。ところが、水曜日に仕事がない訳がなく、取締役が退社したのを確認してからそっ

と社員がオフィスに戻ってきて、仕事をしているようなこともあります。取締役は、ノー残業デーの効果が出て、残業が削減されていると報告を受けているので、社員が戻ってきて仕事をしていることは知りません。まして、誰も「取締役が退出後、実は社員が戻ってきて仕事をしています。」とも言えず、サービス残業となっています。サービス残業があることを認識していれば、まだ対応が違ってくるでしょうが、ノー残業デーの効果が出て、残業が削減されていると思っているので、サービス残業を強要しているのとほぼ変わらなくなっています。サービス残業を隠しているつもりがまったくもってないので、余計にたちが悪い話です。

　なぜ、社員の自主性に任せられないのでしょうか？　「各自、1週間に1回、曜日を決めてノー残業デーを作り、速やかに退社するように！」としておけば、今日は仕事が早く上がり、早く帰れそうな日に、ノー残業デーとして帰宅することができる。また、上司が残っていても帰れるし、周りに気兼ねなく、「今日は、僕はノー残業デーなので、帰ります」とも言えます。

　ノー残業デーを実施している企業に対する調査でも、ノー残業デーを何曜日と決めている企業と、社員本人にノー残業デーを決めさせている企業では、明らかに残業の削減具合が違っています。社員本人にノー残業デーを決めて帰らせている企業のほうが、残業が減っているのです。つまりは、ここでも「社員に任せる」ことが大事だということが分かります。

7 リモートワークに最も適した労働時間管理

　新型コロナウイルス感染症拡大の影響により、多くの企業が強制的にリモートワークせざるを得なくなりました。以前は、私がリモートワーク導入のための講演をしても、「理解はできるが、わが社でリモートワークを導入するのは難しい」という反応がほとんどでした。しかし新型コロナウイルス感染症拡大の中、在宅勤務を始めてみたら「なんとかなった」し、「意外にうまくいった」という反応が出ています。「リモートワークを導入するのは難しい」と思っていた企業も、「意外と導入できるかもしれない」となると、社員が経験してしまっている以上、完全な元の状態に戻すのは難しくなります。特に若い人はリモートワークの良さを知ってしまったので、元の状態に戻すとなると辞めてしまう可能性すらあります。

　このように外部からの影響で働き方が変わる中、全面的にリモートワークを導入する企業も増えていますが、逆に出社勤務のリアルな働き方に戻した企業も多くあります。ただ、出社勤務となった企業が本当に以前の状態に戻れるかというと、先述の通りもう元に戻れる時代でもないでしょう。建設現場がある大手ゼネコン各社ですら、「ニューノーマル会議」なるものを発足させ、「これからリモートをどう取り入れていくのか？」を社内で話し合っています。いかにリモートワークと出社勤務のリアルな働き方とを融合させていくのか？　そこを考えることが、これからの企業にとって大事なこととなっています。リモートワークと出社勤務を柔軟に使い分け、それぞれの強みを融合したハイブリッド型へと変化させていける企業が生き残っていけるのではないでしょうか。

　多くの調査を見ると、自社に対する満足度はハイブリット型が一番

19

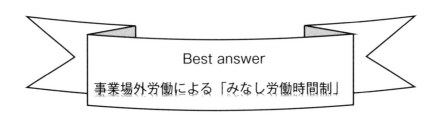

高くなっています。全面的にリモートワークに移行した企業や出社勤務のリアルな働き方に戻した企業よりも高くなっています。私がお勧めするのも、このハイブリット型です。そして、このリモートワークの強みを最大限に活用できる制度が、事業場外労働による「みなし労働時間制」であると考えています。

　新型コロナウイルス感染症拡大の中、企業はリモートワークを導入し、多くの社員が在宅勤務となりました。しかし、同時に保育園や小学校なども臨時休校となり、子供たちも自宅にいるようになりました。在宅勤務している社員の中には、子供が家にいるので、日中は仕事が思うようにはかどらないという声も多く、「在宅では仕事ができない。」「自宅では仕事ができるスペースが確保できない。」など、さまざまな苦情や悲鳴が聞こえてきました。小さな子供がいれば、親が自宅で一緒にいる以上当然にべったりとくっついてきます。そんな子供を放っておいて、親は仕事ができるでしょうか？　また仕事をすべきなのでしょうか？　可愛いわが子です。普通なら、そこで、小さな子供の相手をしたいでしょう。でも、会社には「勤務中」となっていますし、労働時間が自己申告制であれば、子供の相手をしたほんの少しの時間、その時間を差し引いた時間を申告するのでしょうか？　ほんの少しの時間が1日に何度もあった場合には、どうなのでしょうか？　これは労働時間なのでしょうか？

　結果、夜に子供が寝た後、昼間できなかった仕事を進めるといった働き方をせざるを得ないようになります。逆にこれを労働時間として申告するでしょうか？　多分多くの社員は申告していないでしょう。

多くの企業は、深夜労働を禁止しています。これでは申告もできないでしょう。では、これは労働時間ではないのでしょうか？

　小学校入学前の親を対象として行った調査結果を見ても、「在宅勤務を時折中断しながら、子供の世話をしている。」と回答しています。仕事が終わらず、結局は深夜や早朝に、また週末に仕事の穴埋めをしたという社員もいたのではないでしょうか。

　そういった社員のためにも深夜労働は認めるべきです。「深夜労働はすべきでない。」ことはよくわかりますが、保育園や小学校に通っている子供などがいる場合は、在宅勤務を時折中断しながら、当然に世話をするのであって、こういった社員に対しても深夜労働を禁止するのは不条理な話です。在宅勤務では、家庭と職場の線引きがあいまいになりがちです。「在宅勤務しながらいかにして家庭生活とのバランスをとるか？」を考えることがとても重要になります。

　事業場外労働による「みなし労働時間制」は、労働時間を管理する制度ではありませんので、「在宅勤務を時折中断しながら、子供の世話をして」いても構わないのです。日中、思いっきり子供と向き合い、楽しい時間を過ごしても構わないのです。仕事さえ終われば、その過程や労働時間の内容までは関係がないのです。逆に、過程や労働時間の内容を把握しようとすれば、事業場外労働による「みなし労働時間制」は使えないのです。仕事さえ終われば、その過程や労働時間の内容までは関係がないので、社員にとってはとても都合の良い制度と思われるかもしれません。しかし、社員にとってこの制度は、実はシビアな制度です。始業時刻から終業時刻まで、会社にいれば何とかなるといった考え方は通用しないからです。必ず成果が求められます。ちなみにここでの成果というのは、依頼された仕事の完成のこと、仕事を終わらせることです。為すべきことを為し遂げた結果のことです。

　自由な裁量があれば、当然に責任と義務が生じます。社員によっては、「自分には事業場外労働による「みなし労働時間制」を採用して

仕事は成果。
ただし、ここでいう成果は、成果主義の成果と
は、意味がまったく違う。仕事の完成のこと。
為すべきことを為し遂げた結果のこと。

ほしくない。」という声も上がってくるでしょう。そういった社員には、
会社や上司が労働時間管理をしてあげるべきです。

　後述しますが、事業場外労働による「みなし労働時間制」は、会社
の所定労働時間を労働したものとみなすか、「業務の遂行に通常必要
とされる時間」を労働したものとみなします。会社が支払う給与は定
額となり、決めた時間外労働以上の時間数の割増賃金の支払いは不要
になります。また要件に該当すれば、深夜労働による割増賃金や休日
労働による割増賃金を支払うことも不要になります。そのために一番
大事なことは、繰り返しますが、「社員に任せる」ということです。
あくまでも社員の自主性を重んじ、会社が指示命令をせず管理しない
「社員に任せる」ということができればの話です。

　社員が働きやすい環境を作っていくこと、そして1人ひとりの多様
性を認め、社員1人ひとりに合った制度を導入し、労働生産性、パ
フォーマンスを上げていくことが大事なのです。

 ## 政府も認めているリモートワークに適した労働時間管理、そして自主性

　事業場外労働による「みなし労働時間制」については、私の個人的
な意見だけではなく、厚生労働省の雇用環境・均等局が実施（オブザー
バーとして総務省・経済産業省・国土交通省も参加）した「これから

のテレワークでの働き方に関する検討会」においても、リモートワークに適した制度としています。

「これからのテレワークでの働き方に関する検討会」の報告書の中で「テレワークの特性に適した労働時間管理として、（略）事業場外みなし労働時間制がテレワークになじみやすい制度である」としています。

そして、「テレワークの適切な導入及び実施の推進のためのガイドライン」では削除されてしまいましたが、旧「情報通信技術を利用した事業場外勤務の適切な導入及び実施のためのガイドライン」では、リモートワークを行う労働者の自律を求めており、「テレワークを行う労働者においても、勤務する時間帯や自らの健康に十分に注意を払いつつ、作業能率を勘案して自律的に業務を遂行することが求められる。」としていました。

【これからのテレワークでの働き方に関する検討会報告書（令和2年12月25日公表）】以下、一部抜粋

第4　個別の論点について

(3)　テレワークの場合における労働時間管理の在り方について

○　企業がテレワークを積極的に導入するよう、テレワークガイドラインにおいては、テレワークの特性に適した労働時間管理として、フレックスタイム制、事業場外みなし労働時間制がテレワークになじみやすい制度であることを示すことが重要である。

○　事業場外みなし労働時間制については、制度を利用する企業や労働者にとって、その適用の要件がわかりやすいものとなるよう、具体的な考え方をテレワークガイドラインにおいて明確化する必要がある。

【旧「情報通信技術を利用した事業場外勤務の適切な導入及び実施のためのガイドライン」（平成30年2月22日）】以下、一部抜粋

4　テレワークを行う労働者の自律

　テレワークを行う労働者においても、勤務する時間帯や自らの健康に十分に注意を払いつつ、作業能率を勘案して自律的に業務を遂行することが求められる。

日本の労働時間管理は「ウザイ！」

　日本の労働時間管理は硬直化していないでしょうか。企業が、そして上司が管理しています。「何時から始めなさい」「何時には終わりなさい」、始業終業時間がきっちりしています。「今日は残っちゃだめよ！」、残業禁止命令。まるで親が子供を叱るようです。私たちはレッキとした大人です。子供のように時間管理をされて嬉しくもありません。大人として遇してほしいものです。自分で管理することができるはずです。大人としての対応をすべきではないでしょうか？　もちろん大人でも、子供のように指示をしなければならない人もいるでしょう。自分で時間管理できない社員がいるのも確かです。その時は、その社員には企業が、上司が管理すればよいのではないでしょうか。大人としての対応ができる社員には、時間管理は社員本人に任せるべきでしょう。

　では、なぜ社員本人に時間管理を任せないのでしょうか？　「会社は社員の時間管理をしなければならない？」もちろん、労働行政では「時間管理しろ」と言っています。所轄の労働基準監督署が調査に入れば、始業時間から終業時間までの時間管理をしていないと是正指導を受けるのも確かです。でもその時間管理方法は、そもそも製糸工場

が主流だった100年以上前の時代の管理方法です。

　仕事は成果、為すべきことを為し遂げた結果であって、労働時間ではありません。賃金は労働の対価であって、労働時間の対価ではありません。ところが、いまは賃金が労働時間の対価のようになっています。

労働基準法

　第9条　この法律で「労働者」とは、職業の種類を問わず、事業又は事務所に使用される者で、賃金を支払われる者をいう。

　第11条　この法律で賃金とは、賃金、給料、手当、賞与その他名称の如何を問わず、労働の対償として使用者が労働者に支払うすべてのものをいう。

　いまの労働時間管理は、産業革命により機械化された製糸工場を中心とした時代の時間管理方法です。始業とともに工場のラインが動き、終業とともにラインが止まる。まさに、「仕事＝労働時間」だった時代です。建設や運輸、鉄道、製造などの現場の時間管理であれば、いまでもそれが通用します。しかし、管理部門や事務部門等デスクワーク中心の仕事にも通用するのでしょうか。管理部門や事務部門は別ではないでしょうか。この管理方法はナンセンスです。

　管理部門や事務部門は、始業とともに仕事を始め、終業とともに仕事を終えているのでしょうか？　怒られてしまうかもしれませんが、途中で息抜きにタバコを吸ってみたり、コーヒーブレイクの時間を取ったりと、仕事ではない時間が結構あるのではないでしょうか。もちろん、朝から晩まで根詰めて仕事をしてもいい結果は生まれません。多少の息抜きはとても大事なことです。

　ところが会社員に対する社内の労働時間に関する実態調査では、「1日のうち1時間くらいは仕事をしている振りをして、ボーとしている

時間がある」という結果が出ています。「仕事をしている振りをして、ボーとしている時間」、それも労働時間なのでしょうか。逆に、家でお風呂に入りながら、明日の仕事について考えている時間、夜、明日の会議のための資料の準備をしている時間、これは労働時間ではないのでしょうか。始業時間から終業時間を労働時間とする労働行政の労働時間管理はナンセンスです。いまは、そういう時代ではありません。「仕事＝成果」為すべきことを為し遂げた結果であって、「仕事＝労働時間」ではありません。しかし、出社勤務している間は、この管理方法がまかり通るのです。

建設や運輸、鉄道、製造などでは現場が稼いでいるのです。現場では「仕事＝労働時間」となっています。管理部門や事務部門は稼いでいないにも関わらず、「ボーとしている時間」があり、労働生産性を下げ、時間外労働等により現場で稼いだお金を食いつぶす——それが許されるのでしょうか。管理部門や事務部門等デスクワーク中心の仕事をしている社員は、労働時間から開放すべきではないでしょうか？

「仕事＝成果」為すべきことを為し遂げた結果である以上、本来は仕事の過程や労働時間は関係がないはずです。仕事の過程や労働時間は社員本人に任せるべきです。いくら労働時間がかかっても、仕事の成果が上がらなければ、仕事をしている意味がありません。では、仕事の過程や労働時間を社員本人に任せるには、どうしたよいでしょうか？

それは、管理部門や事務部門にリモートワークを導入し、事業場外労働による「みなし労働時間制」を採用することです。事業場外労働による「みなし労働時間制」では、管理監督者などと同様に、例外的に労働時間管理の義務が免除されています。

もちろん時間管理が不得手な社員もいるでしょう。そういう社員は

会社に出社勤務させ、会社が管理すれば良いのです。日本の場合、何か素晴らしい制度を導入しても、社員のうちの誰か1人でも失敗すれば、その制度そのものを取り上げてしまう傾向にあります。「失敗だった」と。失敗したのは、1人の社員であって、全員ではないはずです。上手に活用できていた社員もいたはずなのに、その社員からも取り上げてしまいます。日本の悪しき平等主義です。働き方の多様性が求められている時代です。それぞれの社員の特性に合った労働時間管理をすればいいのです。全員一律にリモートワークを導入する必要はありません。出社勤務し、会社や上司が時間管理をする社員がいる一方で、リモートワークを活用し、事業場外労働による「みなし労働時間制」によって、時間管理をしない社員がいてもいいのです。さらに言えば、リモートワークを活用はしているが、時間管理を行っている社員がいてもいいのです。働き方改革と言われて久しいですが、働き方改革は、残業時間の削除を求めているわけではなく、働き方の多様性を求めているのです。

働き方改革

　我が国は、「少子高齢化に伴う生産年齢人口の減少」「育児や介護との両立など、働く方のニーズの多様化」などの状況に直面しています。

　こうした中、投資やイノベーションによる生産性向上とともに、就業機会の拡大や意欲・能力を存分に発揮できる環境を作ることが重要な課題になっています。

　「働き方改革」は、この課題の解決のため、働く方の置かれた個々の事情に応じ、多様な働き方を選択できる社会を実現し、働く方一人ひとりがより良い将来の展望を持てるようにすることを目指しています。」

（厚生労働省ホームページより）

10 厚生労働省は「時間管理できない」と

　労働行政では「労働時間管理しろ」と言いますが、以前厚生労働省は「時間管理はできない」と自分たちで言っていました。労働基準監督署からの立ち入り調査等において、労働時間の把握がよく問題となりますが、労働時間を把握していないと、タイムカードによる打刻やICカードにより記録等した時間をもって始業終業時刻にされることがあります。しかしながら本来、タイムカードの打刻やICカードにより記録した時間が即始業終業の時刻となる訳ではありません。

　この点において、厚生労働省は、過去「タイムカードのみでは職員の正確な勤務時間が把握できないことから、勤務時間管理の手法としてタイムカードの導入は必要でないと考える。」と答弁しています。

平成15年11月26日提出質問第15号　　　　　　　　　　提出者　長妻昭
国のタイムカード導入及び賃金不払い残業に関する質問主意書（一部抜粋）
　先のタイムカード導入状況を質した質問の答弁書（第156回国会答弁第122号）で国の機関において、タイムカードによる勤務時間管理が行われている部署はない、導入予定もないとされた。そこでお尋ねする。
一　厚生労働省は企業等に対して、タイムカード導入等、労働時間の適正な把握を求めている。しかし、自らはタイムカードを導入していない。これでは示しがつかないのではないか。どう考えるか。
二　厚生労働省は、一室に一台タイムレコーダ機はあるものの、部屋の入出管理のみに使われ、職員の勤務管理に使われていないと聞いている。せっかく機械があるにもかかわらず、なぜタイムカード管理にしないのか、その理由をお示し願いたい。

国のタイムカード導入及び賃金不払い残業に関する質問に対する答弁書（一部抜粋）

一及び二について

　厚生労働省における職員の勤務時間管理については、国の機関として国家公務員法（昭和22年法律第120号）、人事院規則等に基づき勤務時間報告書等を適切に管理することにより特段の支障なく行っているところであり、また、タイムカードのみでは職員の正確な勤務時間が把握できないことから、勤務時間管理の手法としてタイムカードの導入は必要でないと考える。

　このため、同省においては、庁舎管理の観点から、中央合同庁舎第五号館の地下一階に各室ごとのかぎの受渡しの際にタイムカードに時刻を打刻するタイムレコーダ機を二台設置しているが、職員の勤務時間管理のために用いてはいない。

　なお、同省では、企業における労働時間の適正な把握について、「労働時間の適正な把握のために使用者が講ずべき措置に関する基準について」（平成13年4月6日付け基発第339号厚生労働省労働基準局長通知）により、使用者が始業・終業時刻を確認し記録する原則的な方法として、タイムカード等を基礎として行う方法のほか、使用者自らが現認する方法を示しているところである。

11 日本の労働時間管理は、工場のためのもの

　日本の労働時間管理の問題は、明治維新後、「富国強兵」「殖産興業」をスローガンに掲げている時代、産業革命によりもたらされた機械化によって、繊維産業等の工場生産が発展し、労働が単純化され、経験を積んだ男子ではなく、経験がない女子や年少者でも作業が可能となったことから始まります。資本家は機械化のために投下した資本を

早期に回収するため、機械をできるだけ長時間稼働させました。その結果、工場での作業が長時間労働となり、過酷な労働と結核等に罹患する女子や年少者が増えていったのです。1日16時間労働にもなった日があったそうです。これを保護しようとして立法されたのが、日本初の労働者保護法である工場法です。就業時間（休憩時間を含む）を1日12時間に制限しています。

　この時代の労働時間は、まさに工場生産ラインが動き始め交代するまでの時間、もしくは工場生産ラインが止まる時間まで、ひたすら労働を求められた時代です。つまり始業から終業時刻がそのまま労働時間であり、「仕事＝労働時間」だったのです。

 # 法定労働時間８時間の意味

　第一次世界大戦後、欧米は相次いで労働時間を８時間としました。1919年６月28日に締結されたヴェルサイユ条約に基づいて創設された国際労働機関（International Labour Organization：ILO）では、第１回総会（1919年11月28日）において、「家内労働者を除いた工業における全ての労働者の労働時間を１日８時間、１週48時間を超えてはならない」とした条約（第１号条約）を採択し、これにより１日８時間労働が国際基準として確立しました。このとき、「超過時間について支払われる賃金率は1.25倍を下回ってはならない」ともされています。

　日本でもこの国際基準を採用し、１日の労働時間を最長でも８時間までとしました。この８時間の意味は、分かりやすく言うと「寝て」「仕事して」「遊んで」ということです。１日24時間のうち睡眠時間が８時間、これに余暇の時間が８時間。とすると残り仕事ができる時間は最大でも８時間ということです。「最長でも」です。ここにさらに残

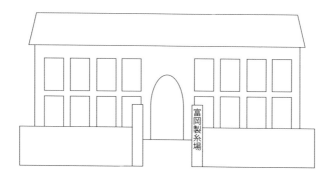

業という考え方はないのです。日本国憲法第25条にこうあります。「すべて国民は、健康で文化的な最低限度の生活を営む権利を有する。」いわゆる生存権を保障したものです。ここに「健康で」とあります。健康には睡眠が欠かせません。そして「文化的な」とあります。つまり余暇の時間です。この規定の本来の意味は、健康保持のための時間というよりも労働者のために余暇の時間を確保し、文化的な生活を保障する必要な最長労働時間であったと言います。いまの日本は、この生存権で守られるべき文化的な時間まで犠牲にしているのです。生存権を脅かしているのです。

　日本は、この第1号条約を批准していませんが、100年以上前に採択された労働時間1日8時間が労働基準法上の法定労働時間です。日本は、100年間進歩がないのでしょうか？　「労働者が、仕事ができる時間は最長でも1日8時間」としているのに、さらに残業をして労働時間を延長しています。睡眠時間か余暇の時間を削るしかありません。これが、人間らしい生活なのでしょうか？　第1号条約では、時間外労働について「一定の事由且つ一定の時間内に限る」として時間外労働を認めていますが、これも日本が第1号条約を批准できない理由です。

　働き方改革において、労働基準法が改正され、それまで法的には認めていなかった上限を、公に1か月45時間、1年360時間（1年単位

の変形労働時間制においては、1か月42時間、1年320時間）まで認め、まるで残業を奨励しているかのようです。特別条項のある36協定においては論外です。

　労働基準法（1947年4月7日法律第47号）の立案当時、過半数組合または労働者の過半数代表者との書面協定により無制限の時間外労働や休日労働を認めたのは、本来労働組合等により時間外労働や休日労働を制限させるためのものでした。労働者の健康保持のためというよりも、労働者の余暇の時間を確保し、その文化的な生活を保障するために最長でも労働時間を8時間とした立法の目的を遵守させるためには、個々の労働者が労働時間8時間を維持するように主張することは困難であることから、労働組合等が時間外労働や休日労働を抑止するであろうことを期待し、労働組合等の同意を条件として時間外労働や休日労働を認めることとしたものです。それが、36協定届を提出すればいとも簡単に残業ができ、また内閣まで残業を奨励しているかのような現在、立案担当者は草葉の陰から泣いているのではないでしょうか？

　残業をゼロにするのは難しいですが、調子が乗って遅くまで仕事するときもあれば、早く切り上げるときもある、そんなメリハリの効いた時間管理が、これからは必要でしょう。

 # 13　本来の労働時間管理の意味

　労働時間管理の本質は、労働時間の内容、状況の把握にあります。単に労働した時間の管理を求めている訳ではありません。労働時間の内容、状況の把握を求めているのです。労働時間状況の把握は会社の責任であり、当然の義務です。労働安全衛生法では、長時間労働における面接指導等の実効性確保のために、労働時間状況の把握をしなけ

ればならないとしており、上司の現認やPCのログオンオフ等の客観的な方法により労働時間状況を把握しなければなりません。

　労働時間状況の把握とは、社員の健康確保の観点から、社員がいかなる時間帯にどの程度の時間、労働を提供し得る状態にあったかを把握するものです。「健康確保の観点」から必要なのであり、時間外労働における割増賃金を支払うために把握する訳ではありません。多くの会社が誤解しているところです。割増賃金は時間外労働における結果として支払うだけのことです。

　このため時間外労働がなく健康で働けるのであれば、極端な話ですが、労働時間管理など不要なのです。それを多くの会社が、さも当たり前のように時間外労働をし、生存権を奪うようなことをしているため、結果労働行政は、うるさく「労働時間管理しろ！」と言ってくるのです。本来健康であれば労働時間管理など不要なのです。

労働安全衛生法

第66条の８の３　事業者は、長時間労働者等の面接指導を実施するため、厚生労働省令で定める方法により、労働者（特定高度専門業務・成果型労働制の対象者を除く。）の労働時間の状況を把握しなければならない。

通　　達

　労働安全衛生法第66条の８の３に規定する労働時間の状況を把握とは、労働者の健康確保措置を適切に実施する観点から、労働者がいかなる時間帯にどの程度の時間、労働を提供し得る状態にあったかを把握するものである。

（平成30年12月28日　基発1228第16号）

14 メリハリの効いた労働時間に！

「働き方改革＝残業の削減」と
思っている企業がとても多いよう
に感じます。働き方改革において、
政府は残業の削減とは言っていま
せんでした。先述の通り、残業を
奨励しているのか？　と、思える
くらいです。長時間労働の削減と
残業の削減を混同していないで
しょうか？　長時間労働は過重労

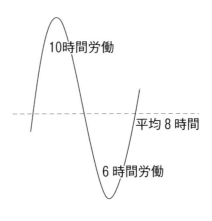

働となるものですから、これは許されません。しかし、多少の残業は
許されるものではないでしょうか。仕事の期限が迫っていたり、仕事
に集中できていて、また波に乗っていて、「いま仕事を終わらせたく
ない！」ということはいくらでもあります。法定労働時間の１日８時
間を多少超える残業はあり得るし、なくすというのは難しいでしょう。
また、あっても良いように思います。逆に、「残業をなくせ！」なん
ていうのは、これだけ仕事が忙しくなっている中、難しいのではない
でしょうか。忙しければ、仕事量が多ければ残業は必ずあります。で
も、あるときは、仕事が遅くまでかかってしまい終わらせたとしても、
あるときは、早々に仕事を切り上げて終わらせる。そんなメリハリの
効いた、緩急差のある仕事の仕方であれば、働き方も変わってきます。
だいたい、緊張の糸が切れたり、仕事を早く終わらせられるのに、無
理やり会社にいるのって辛くないですか？　しかし、多くの会社では、
始業終業時刻があり、その時間帯は嫌でも居なければいけません。ま
た、法定労働時間を超えれば、当然に残業代が発生します。メリハリ

の効いた働き方ができ、残業代が発生しない、もしくはあらかじめ決められた残業代しか支払う必要がない、それができるのが、事業場外労働による「みなし労働時間制」です。

　「欧米には残業がない」と言われますが、それは嘘です。どこの国にも残業はありますし、長時間労働もあります。そして過重労働はもちろん過労死すらあります。労働時間が短くなれば、過重労働や過労死はなくなるのでしょうか？　労働時間が短くなれば、仕事量を早くこなさなければならず、その分だけストレスもたまります。労働時間を無理に短くすれば、実は過重労働となり、過労死すらあり得るのです。

　例えば、フランスでは、法律上の労働時間が年平均して週35時間に規制されています。そして夏季休暇等は1か月もあります。しかし、自殺者の割合は、主要先進8か国の中でもロシアや日本同様に多くなっています。これは過労による自殺が増えているからです。週35時間規制をした当初は、「日本から過労死を持ってきたのか！」とも言われていました。法律上の労働時間を無理に短くした結果、過重労働となり、もちろんこれだけが原因ではありませんが、自殺者が増えてしまったのです。

　業務内容や仕事の見直しもせずに、ただ残業の削減だけしても意味はなく、逆にその分だけストレスがたまり、メンタルヘルスに不調をきたしたり、自殺ということすらあるのです。法定労働時間の1日8時間を多少超える残業はありです。だけど、仕事に区切りをつけて8時間も仕事をしないで終わらせることも、またありです。そんなメリハリの効いた仕事の仕方であれば、働き方も変わってくるのです。

第2章
労働時間管理しない
リモートワーク

〜「みなし労働時間制」は、労働時間
把握義務の適用が除外されている！〜

事業場外労働による「みなし労働時間制」

1 事業場外労働による「みなし労働時間制」とは？

　事業場外労働による「みなし労働時間制」は、労働時間を実労働時間でみるのではなく、所定労働時間などあらかじめ定められた時間数をもって労働時間とみなすことができる制度です。実際に業務に従事した実労働時間とは直接的には関係がなくなり、あらかじめ定められた時間数が労働基準法上の労働時間となります。

　労働基準法施行当時は、自宅から会社に寄らず直接取引先に出向いて営業活動をするような外勤営業マンや、取材活動で飛び回る記者、出張などの臨時的に行われる事業場外での労働によって労働時間の把握ができず労働時間の算定が困難となる業種において導入することを想定し、労働基準法本文ではなく労働基準法施行規則に規定されていたものです。

　しかし、いまは自宅やカフェ、サテライトオフィス、もしくは自然豊かな観光地（ワーケーション）などの事業場外で業務に従事している場合でも要件にさえ該当すれば事業場外労働による「みなし労働時間制」の対象とすることは可能です。

　事業場外労働による「みなし労働時間制」における労働時間数は、原則として会社の所定労働時間とします。ただし、業務を遂行するためには所定労働時間を超えて労働することが必要となる場合において

は、業務の遂行に通常必要とされる時間数を労働時間とします。もしも業務の遂行に通常必要とされる時間を労使協定で定める場合は、その定めた時間数をもって、労働時間とします。この労使協定により定められた時間が法定労働時間を超える場合には、労使協定を所轄の労働基準監督署長に届け出なければなりません。

　つまり、事業場外労働による「みなし労働時間制」における労働時間は、①所定労働時間、②業務の遂行に通常必要とされる時間、③労使

事業場外労働による「みなし労働時間制」における労働時間は３通り
① 所定労働時間
② 業務の遂行に通常必要とされる時間
③ 労使協定により定められた時間

協定により定められた時間、のいずれか、あらかじめ定められた時間数をもって労働時間とするものです。

労働基準法

第38条の２　労働者が労働時間の全部又は一部について事業場外で業務に従事した場合において、労働時間を算定し難いときは、所定労働時間労働したものとみなす。ただし、当該業務を遂行するためには通常所定労働時間を超えて労働することが必要となる場合においては、当該業務に関しては、厚生労働省令で定めるところにより、当該業務の遂行に通常必要とされる時間労働したものとみなす。

２　前項ただし書の場合において、当該業務に関し、当該事業場に、労働者の過半数で組織する労働組合があるときはその労働組合、労働者の過半数で組織する労働組合がないときは労働者の過半数を代表する者との書面による協定があるときは、その協定で定める時間を同項た

だし書の当該業務の遂行に通常必要とされる時間とする。

3　使用者は、厚生労働省令で定めるところにより、前項の協定を行政官庁に届け出なければならない。

 ## 事業場外労働による「みなし労働時間制」の単位

　事業場外労働による「みなし労働時間制」は、1日を単位として「みなし労働時間」を設定します。1週間や1か月、1年を単位として弾力的に設定ができる訳ではありません。変形労働時間制度やフレックスタイム制度では、週や月、年単位で労働時間を弾力的に設定することができますが、事業場外労働による「みなし労働時間制」は、あくまでも1日を単位として「みなし労働時間」を設定します。

　リモートワークと出社勤務を柔軟に使い分け、それぞれの強みを融合したハイブリッド型に最も適しています。

　このため、「〇月〇日のリモートワークによる業務は、所定労働時間（例えば7時間）労働したものとみなす」ということもあれば、「×月×日のリモートワークによる業務は、1日9時間（業務の遂行に通常必要とされる時間）労働したものとみなす」ということもあるかもしれません。あらかじめ定められた時間数を、「所定労働時間とする」として、毎回同じ時間数に設定しても構いませんが、実態に即した労働時間であることは当然必要ですので、業務に応じてその都度時間数を設定することも可能です。

　「リモートワークを導入するのは難しい。」「事業場外労働による「みなし労働時間制」は採用できない。」、とよく言われます。採用できない理由は何なのでしょうか。IT系の会社のように、リモートワークを全面的に導入するつもりで、「難しい。」と言っているのでしょうか。

事業場外労働
による「みな
し労働時間制」
を採用できな
い理由は、何
でしょうか。
「時間管理し

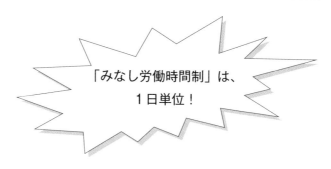

「みなし労働時間制」は、
１日単位！

なければ監督署から指導を受けかねない。」「労働時間は会社が管理し
なければならない」と、よく言われます。

　しかし、リモートワークを全面的に導入し常態化する必要はありま
せん。事業場外労働による「みなし労働時間制」を月単位・年単位で
採用し常態化する必要はないのです。１日単位ですから、月１日でも
１週間に１日でも、必要に応じて、会社の都合で、社員の好きなとき
に、という形でも良いのです。全面的に導入する訳でも、１年中採用
する訳でもないのです。たった１日です。１日だけでも、難しいでしょ
うか？

　「リモートワークの業務については、月155時間労働したものとみな
す」「リモートワークの業務については、年間2,200時間労働したもの
とみなす」というように、月や年単位で労働時間数を設定するような
取扱いは認められていません。欧米には、「年間総労働時間契約制」
という、年間の総労働時間をあらかじめ会社と契約をし、契約した総
労働時間に達すれば、年間契約であっても、契約期間の途中で休暇が
取得でき、その契約期間の終了までもう業務がないといった契約もあ
りますが、日本では、いまだ認められていません。

事業場外労働による「みなし労働時間制」における時間外労働

　事業場外労働による「みなし労働時間制」は、あらかじめ定められた時間数をもって労働基準法上の労働時間とみなしてしまいますので、実際に業務に従事した実労働時間とは直接的には関係がなくなり、あらかじめ定められた時間数と実労働時間数とが違っていても、あらかじめ定められた時間数以外の時間を労働時間とはしません。よって、あらかじめ定められた時間数が、会社の所定労働時間であれば、時間外労働による割増賃金の支払いは発生しません。また、業務の遂行に通常必要とされる時間数を労働時間としているのであれば、あらかじめ定められた時間数以外の時間外労働による割増賃金も発生しません。

　例えば、業務の遂行に通常必要とされる時間数を、所定労働時間8時間に時間外労働1時間を合計した9時間としてあらかじめ定められた時間とするならば、時間外労働1時間分の割増賃金は当然に支払う必要がありますが、実際の労働時間が9時間を超えた場合でも、超えた分の時間外労働による割増賃金の支払いは発生しません。実際の労働時間が10時間とか11時間になってしまったとしても、所定労働時間8時間に時間外労働1時間を合計した9時間分の支払いしか発生しないのです。

　つまり労働時間が長くなれば長くなるほど社員には大変損な制度ですが、逆に効率を高め生産性をアップし、労働時間が短くなればなるほど社員に得となる制度でもあるといえるのです。

　会社は、労働時間を適正に把握する必要があり、本来は事業場外での労働によっても労働時間の把握に努める必要があります。しかし労務管理の実務上、事業場外で働く社員の労働時間を適正に把握するこ

とが困難な場合が
多々あります。その
ため労働基準法で
は、事業場外で働い
ている社員の労働時
間を把握することが
難しい場合などは、
例外的に会社が社員
の労働時間を適正に
把握しなければなら
ない義務を免除して
います。これが事業

場外労働による「みなし労働時間制」なのです。

4 労働時間の算定方法

　事業場外労働による「みなし労働時間制」における労働時間は、原
則として会社の所定労働時間とします。ただし、業務を遂行するため
には所定労働時間を超えて労働することが必要となる場合において
は、業務の遂行に通常必要とされる時間を労働時間とします。もしも
業務の遂行に通常必要とされる時間を労使協定で定める場合は、その
定めた時間をもって、労働時間とします。

(1) 原　則

　労働時間の全部を事業場外で業務に従事した場合で、かつ、会社や
上司からの直接的な指揮監督が及ばないことから労働時間の把握がで
きず労働時間の算定が困難な場合は、所定労働時間労働したものとみ

なされます。

　ただし、これは単に所定労働時間労働したものとみなす訳ではなく、正確に記すと、事業場外の「業務の遂行に通常必要とされる時間」が所定労働時間内で収まるということであれば所定労働時間労働したものとみなすことができるということです。

⑵　例外（業務を遂行するためには所定労働時間を超えて労働することが必要となる場合）

　会社の所定労働時間を超えてもまだ労働することが必要となる場合においては、業務の遂行に通常必要とされる時間をもって労働時間とみなされます。

　業務の遂行に通常必要とされる時間。この「業務の遂行に通常必要とされる時間」は、どのように設定すれば良いのでしょうか？　その業務を遂行する社員が1人しかいない場合は、その社員の労働時間を計測すれば、業務の遂行に通常必要とされる時間となるでしょう。しかし、数人から数十人、いやそれ以上いた場合は、どのように計測すれば良いのでしょうか？　人それぞれ、「業務の遂行に通常必要とされる時間」は違います。結局は、計測しようがなく、「神のみぞ知る」ということになってしまいそうです。

　通達では、「通常の状態において、その業務を遂行するために客観的に必要とされる時間」とあります。そこで、社員1人ひとりに業務の遂行にかかった時間を計測するための社員を張り付かせて、1か月くらい計測し、「業務の遂行に通常必要とされる時間」とすることも考えられますが、これは現実的ではありません。社員1人ひとりから「業務の遂行に通常必要とされる時間」を聞き取り調査し、吟味検討した上で最も多くの社員が必要とした時間か、公平な計算方法、例えば業務の遂行にかかった時間が極端に長時間であったり、短時間であったりするような時間を除外して計算するなど、により求められた

平均値もしくは中央値等をもって「業務の遂行に通常必要とされる時間」とするのが最も適切ではないかと考えます。

　また、ＩＴ化の流れが加速している現在「業務の遂行に通常必要とされる時間」は、刻々と変化していきます。このため、通達では、「突発的に生ずるものは別として、常態として行われている事業場外労働であって労働時間の算定が困難な場合には、できる限り労使協定を結ぶよう十分指導すること。」とし、労使協定の締結を勧めています。

　もしも「業務の遂行に通常必要とされる時間」を労使協定で定める場合は、社員１人ひとりから「業務の遂行に通常必要とされる時間」を聞き取り調査したものを踏まえて労使間で協議し、「業務の遂行に通常必要とされる時間」とすると良いでしょう。通達でも「業務の実態が最もよくわかっている労使間で、その実態を踏まえて協議した上で決めることが適当である」としています。

　私個人としては、リモートワークを導入し、事業場外労働による「みなし労働時間制」を採用した場合の労働時間は、所定労働時間で良いと考えていますが、実態に即した労働時間であることは当然必要です。会社の所定労働時間を超えてもまだ労働することが明らかに必要となる場合においては、会社が一方的に「業務の遂行に通常必要とされる時間」を決めるのではなく、労使協定で定めた時間をもって労働時間とするほうが良いかもしれません。後々のトラブルを回避する上でも、その実態を踏まえて労使間で協議した上で協定を締結したほうが良いように思われます。

 # 事業場外労働のほかに一部事業場内労働がある場合の労働時間の算定方法

　リモートワークを導入し、事業場外労働による「みなし労働時間制」を採用して、自宅やカフェ、サテライトオフィス、もしくは自然豊か

な観光地（ワーケーション）などの事業場外で1日中業務に従事している場合は特に問題ありませんが、午前中だけ出社し、午後からリモートワークとか、午前中はリモートワークで、午後から出社などのケースのように、事業場外労働のほかに一部事業場内労働がある場合の労働時間の算定方法はどうなるのでしょうか？

⑴ 原 則

　労働時間の全部ではなく一部を事業場外で業務に従事した場合で、かつ、会社や上司からの直接的な指揮監督が及ばないことから労働時間の把握ができず労働時間の算定が困難な場合は、所定労働時間労働したものとみなされます。ただし、これは単に所定労働時間労働したものとみなす訳ではなく、正確に記すと、事業場内労働の時間を適正に把握し、事業場内で業務を遂行した実際の労働時間と、事業場外の「業務の遂行に通常必要とされる時間」とを合算した時間が所定労働時間内で収まるということであれば所定労働時間労働したものとみなすことができるということです。

⑵ 例外（業務を遂行するためには所定労働時間を超えて労働することが必要となる場合）

　事業場内労働の時間を適正に把握し、事業場内で業務を遂行した実際の労働時間と、事業場外の「業務の遂行に通常必要とされる時間」とを合算した時間が、所定労働時間を超えてもまだ労働することが必要となる場合においては、事業場内の労働時間と事業場外で従事した業務の遂行に通常必要とされる時間とを加えた時間をもって労働したものとみなされます。原則と考え方は同じです。所定労働時間内で収まるか、収まらないかの違いです。

　事業場外労働による「みなし労働時間制」により「業務の遂行に通常必要とされる時間」は、あくまでも事業場外労働における時間であ

るため、事業場内労働における労働時間は別途適正に把握する必要があり、両方の時間を合算した時間が労働時間となります。これは「業務の遂行に通常必要とされる時間」を労使協定で定めた場合でも同様です。事業場内で業務を遂行した実際の労働時間と、事業場外の「業務の遂行に通常必要とされる時間」とを合算した時間が労働時間となる場合とは、例えば、午前中はリモートワークで、午後出社勤務というようなケースです。

　午前中のリモートワーク時間を、事業場外の「業務の遂行に通常必要とされる時間」3時間としてあらかじめ定め、午後出社勤務した事業場内で実際に業務を遂行した時間が6時間であれば、合計9時間（「業務の遂行に通常必要とされる時間」3時間＋事業場内労働時間6時間）となり、法定上は1時間分の時間外労働による割増賃金の支払いが発生します。

■例）事業場外の「業務の遂行に通常必要とされる時間」を3時間とみなされている社員

リモートワーク	休憩	出社勤務

　　　　　　　　1：00p.m.　　　　　　　　　　　　7：00p.m.

※午前中のリモートワーク時間を、事業場外の「業務の遂行に通常必要とされる時間」3時間としてあらかじめ定め、午後出社勤務した事業場内で実際に業務を遂行した時間が6時間あるので、合計9時間となり、法定上1時間分の時間外労働による割増賃金の支払いが発生します。

■例）事業場外の「業務の遂行に通常必要とされる時間」を所定労働時間8時間とみなされている社員

リモートワーク	休憩	リモートワーク

9：00a.m.　　　　　　　　1時間　　　　　　　　　　　9：00p.m.

※事業場外労働による「みなし労働時間制」は、労働時間の把握ができず労働時

間の算定が困難な場合ですので、本来は、9：00a.m. から9：00p.m. まで労働し
ていたと把握できないものですが、ここでは分かりやすくするため、あえて時
間を記載しています。ご了承ください。また、11時間もかかるような仕事では
なく、ついついだらしないと仕事をしてしまったというようなイメージです。

　上記のような場合、実際の労働時間に関係なく8時間労働とみなさ
れますが、下記のような場合は、逆に実際の労働時間が8時間であっ
ても11時間労働（「業務の遂行に通常必要とされる時間」8時間＋事
業場内労働時間3時間）とみなされます。

リモートワーク	休憩	リモートワーク	出社勤務

9：00a.m.　　　　　　　1時間　　　3：00p.m.　　6：00p.m.

6 オンライン会議等一部労働時間の把握ができる場合の労働時間の算定方法

　リモートワークを導入し、事業場外労働による「みなし労働時間制」
を採用して、自宅やカフェ、サテライトオフィス、もしくは自然豊か
な観光地（ワーケーション）などの事業場外で1日中業務に従事して
いる社員が、オンラインによる会議等に参加した場合の労働時間の算
定方法はどうなるのでしょうか？

　事業場外労働による「みなし労働時間制」は、労働時間の把握がで
きず労働時間の算定が困難な場合ですので、たとえリモートワーク中
であっても、労働時間の把握ができず労働時間の算定が困難な場合と
いえない業務に関しては、別途、実際の労働時間を把握しておく必要
があります。オンラインによる会議は、当然に労働時間の把握が可能
です。「いつの間にかオンライン会議に参加していて、いつの間にか

オンライン会議からいなくなっていた」なんてことがあれば、お化け
です。

　ただし、事業場外労働による「みなし労働時間制」が採用できない
ということではなく、前述の「事業場外労働のほかに一部事業場内労
働がある場合の労働時間の算定方法」とまったく同じです。労働時間
の一部について事業場内（オンライン会議）で業務に従事した場合に
は、事業場内の労働時間を含めて、所定労働時間労働したものとみな
されます。オンライン会議があっても、それ以外は事業場外（リモー
トワーク）で業務を遂行し、労働時間の算定が困難な訳ですから、労
働時間の算定が困難な業務が一部でもある以上は、その日の全体の労
働時間の算定が困難な場合と変わりありません。よって、その日全体
としては所定労働時間労働したものとみなされるのが原則です。

　ただし、これも単に所定労働時間とみなして良いという訳ではあり
ませんので、正確に記すと、事業場内労働の時間を適正に把握し、事
業場内で業務を遂行した実際の労働時間（オンライン会議の時間）と、
事業場外の「業務の遂行に通常必要とされる時間」とを合算した時間
が所定労働時間内で収まるということであれば、所定労働時間労働し
たとみなすことができるということです。

　逆に、事業場内（オンライン会議）で業務を遂行した実際の労働時
間と事業場外（リモートワーク）で従事した業務の遂行に通常必要と
される時間とを合わせた時間が、所定労働時間を超えるような場合は、
当然に両方を合算した時間が労働時間となります。

■例）オンライン会議等一部労働時間の把握ができる社員

リモートワーク	休憩	オンライン会議	リモートワーク

　　　　　　　1：00p.m.　3：00p.m.

　オンライン会議が1：00から3：00p.m.まであり、労働時間の算定

ができますが、その他の時間はリモートワーク中で労働時間の算定が困難なため、その日の全体の労働時間の算定が困難な場合と変わりありません。

通　　達
【事業場外労働における労働時間の算定方法】

(イ)　原則

　労働時間の全部又は一部について事業場外で業務に従事した場合において、労働時間を算定し難いときは、所定労働時間労働したものとみなされ、労働時間の一部について事業場内で業務に従事した場合には、当該事業場内の労働時間を含めて、所定労働時間労働したものとみなされるものであること。

(ロ)　当該業務を遂行するためには通常所定労働時間を超えて労働することが必要となる場合

　当該業務を遂行するためには通常所定労働時間を超えて労働することが必要となる場合には、当該業務の遂行に通常必要とされる時間労働したものとみなされ、労働時間の一部について事業場内で業務に従事した場合には、当該事業場内の労働時間と事業場外で従事した業務の遂行に必要とされる時間とを加えた時間労働したものとみなされるものであること。なお、当該業務の遂行に通常必要とされる時間とは、通常の状態でその業務を遂行するために客観的に必要とされる時間であること。

(ハ)　労使協定が締結された場合

　(ロ)の当該業務の遂行に通常必要とされる時間については、業務の実態が最もよくわかっている労使間で、その実態を踏まえて協議した上で決めることが適当であるので、労使協定で労働時間を定めた場合には、当該時間を、当該業務の遂行に通常必要とされる時間とすることとしたものであること。

　また、当該業務の遂行に通常必要とされる時間は、一般的に、時とともに変化することが考えられるものであり、一定の期間ごとに協定内容

を見直すことが適当であるので、当該協定には、有効期間の定めをする
こととしたものであること。

　なお、突発的に生ずるものは別として、常態として行われている事業
場外労働であって労働時間の算定が困難な場合には、できる限り労使協
定を結ぶよう十分指導すること。

（昭和63年１月１日　基発第１号　婦発第１号）

通　　達

【一部事業場内労働の場合の算定】

問　労働時間の一部を事業場内で労働する場合、労働時間の算定はどう
　なるのか。

答　みなし労働時間制による労働時間の算定の対象となるのは、事業場
　外で業務に従事した部分であり、労使協定についても、この部分につ
　いて協定する。そして、労働時間の一部を事業場内で従事した日の労
　働時間は、みなし労働時間制によって算定される事業場外で業務に従
　事した時間と、別途把握した事業場内における時間とを加えた時間と
　なる。

【一部事業場内労働の場合の届出】

問　労働時間の一部を事業場内で労働する場合に、事業場外労働の労使
　協定の届出が必要なのは一日の労働時間が法定労働時間を超える場合
　か、あるいは、事業場外で労働する時間が法定労働時間を超える場合
　か。

答　労使協定では、事業場外における業務の遂行に通常必要とされる時
　間のみを協定するものであり、届出については見解後者による。

（昭和63年３月14日　基発第150号）

7 労働時間が適用される範囲

　労働基準法の事業所外労働による「みなし労働時間制」に関する規定は、労働時間（労働基準法第4章の労働時間に関する規定の範囲に係る労働時間）の算定について適用されるものであり、年少者の労働時間（労働基準法第6章の年少者に関する規定に係る労働時間）や女子の労働時間（第6章の2の女子に関する規定に係る労働時間）の算定については適用されません。年少者や女子の労働時間が適用され、保護されます。

　リモートワークは、あくまでも「場所に制約がなくオフィスから離れた場所で仕事をすること」で、働く場所、職場がオフィスではない離れた場所というだけであり、事業所外労働による「みなし労働時間制」は、労働時間の算定についてだけのことです。労働基準法のその他の規定、休憩や休日、時間外労働や休日労働させるための届出（いわゆる36協定届）、割増賃金の支払い、年次有給休暇等は当然に適用されます。

 ## 8 休憩、休日についての取扱い

　事業所外労働による「みなし労働時間制」に関する規定は、労働時間の算定について適用されるものであり、先述の通り労働基準法の休憩、休日に関する規定は除外されていません。事業所外労働による「みなし労働時間制」を採用した場合であっても、労働基準法の休憩、休日に関する規定は、当然に適用されます。事業所外労働による「みなし労働時間制」を採用しているのだから、休憩や休日は付与しなくて

もいいだろうということにはなりません。休憩や休日は、心身の疲労を回復するためのものであり、働いている以上当然に必要なことです。

(1)　休　憩

　休憩時間は「みなし労働時間」が8時間以内の場合は、少なくとも45分与えなければならず、「みなし労働時間」が8時間を超える場合においては、少なくとも1時間、労働時間の途中に与えなければならないことになっています。また、この休憩時間は、一斉に付与しなければなりません。リモートワーク中であり、本人の裁量に任せている以上、「好きな時間に勝手に休憩を取れ」ということは原則できません。リモートワーク中であっても、休憩時間帯は、会社の休憩時間と合わせる必要があります。

　ただし、公衆の不便を避けるためとして、商業や金融等一部の事業については、一斉に付与する必要がありません。一斉付与の原則が適用除外となっています。

労働基準法

第34条　使用者は、労働時間が6時間を超える場合においては少くとも45分、8時間を超える場合においては少くとも1時間の休憩時間を労働時間の途中に与えなければならない。

2　前項の休憩時間は、一斉に与えなければならない。ただし、当該事業場に、労働者の過半数で組織する労働組合がある場合においてはその労働組合、労働者の過半数で組織する労働組合がない場合においては労働者の過半数を代表する者との書面による協定があるときは、この限りでない。

3　使用者は、第1項の休憩時間を自由に利用させなければならない。

労働基準法施行規則

> **第31条**　法別表第一第4号、第8号、第9号、第10号、第11号、第13号及び第14号に掲げる事業並びに官公署の事業（同表に掲げる事業を除く。）については、法第34条第2項の規定は、適用しない。
>
> （具体的には以下の通り）
>
> - 道路、鉄道、軌道、索道、船舶又は航空機による旅客又は貨物の運送の事業
> - 物品の販売、配給、保管若しくは賃貸又は理容の事業
> - 金融、保険、媒介、周旋、集金、案内又は広告の事業
> - 映画の製作又は映写、演劇その他興行の事業
> - 郵便、信書便又は電気通信の事業
> - 病者又は虚弱者の治療、看護その他保健衛生の事業
> - 旅館、料理店、飲食店、接客業又は娯楽場の事業

(2)　休　日

　休日は、あらかじめ「労働義務がない日」と定められている日のことをいい、労働基準法上毎週少なくとも1日の休日か、もしくは4週間を通じて4日以上の休日を付与しなければなりません。しかし、多くの会社では、労働基準法上の休日（法定休日）のほかに会社で定めた休日（所定休日）があります。例えば、週休2日制の会社であれば、1日は法定休日ですが、もう1日は所定休日ということなります。所定休日に労働しても法律違反ではありませんが、法定休日に労働した場合は、本来法律違反です。

労働基準法

> **第35条**　使用者は、労働者に対して、毎週少くとも1回の休日を与えなければならない。
>
> **2**　前項の規定は、4週間を通じ4日以上の休日を与える使用者については適用しない。

54

9 休憩・休日についての一考察

　リモートワークの導入目的は、社員が働きやすい職場環境をつくっていくこと、そして1人ひとりの労働生産性、パフォーマンスを上げていくことにあります。労働生産性を上げるために、より「柔軟な働き方」をサポートするための制度が必要です。一番大事なことは、「社員に任せる」ことです。社員の自主性を重んじ、仕事の進め方を社員本人の裁量に任せることです。そのためには休憩や休日についても、以下のようなことが考えられます。

(1)　休　憩

　休憩時間は、本来一斉に付与しなければなりませんが、リモートワーク中の社員には仕事の進め方を社員本人の裁量に任せている訳ですから、一斉に付与するというのは現実的ではありません。このような場合は、あらかじめ「一斉休憩の適用除外に関する労使協定書」を締結し、一斉付与の例外としておくことが考えられます。

【労使協定例】

一斉休憩の適用除外に関する協定書

　○○株式会社と従業員代表○○○○は、就業規則第○条の規定に基づき、一斉休憩の適用除外に関して、次のとおり協定する。

（対象となる従業員の範囲）

第1条　本協定は、就業規則第○条によりリモートワークで業務を行う従業員に適用する。ただし、労働時間を算定し難いときに限るも

のとする。

（休憩時間）

第2条　対象となる従業員の休憩時間は、就業規則第○条（休憩時間）
に関わらず、午前11時00分から午後3時00分までの時間帯において
1時間取るものとする。

（有効期間）

第3条　この協定の有効期間は、令和○年○月1日から令和○年○月
31日までの1年間とする。ただし、会社および組合から改定の申出
がない場合には、1年ごとに自動更新するものとする。

令和○年○月1日

　　　　　　　　　　　○○株式会社　代表取締役　○○○○　印

　　　　　　　　　　　　　　　　従業員代表　○○○○　印

⑵　**休　日**

　休日は、会社の就業規則等により定められていますので、自分の都
合で休日を勝手に変更することはできませんが、リモートワーク中の
社員には仕事の進め方を社員本人の裁量に任せている訳ですから、休
日を本人の都合に合わせるというのも1つの考えではないでしょう
か。

　労働基準法では、実は法定休日を特定することを要求していません。
通達では「特定することがまた法の趣旨に沿うものであるから（略）
具体的に一定の日を休日と定める方法を規定するよう指導されたい。」
としてはいますが、「休日は1週間に1回とし、本人からの申し出に
より、会社が指定する」と規定したとしても違法とはいえません。

通　達

　法第35条は必ずしも休日を特定すべきことを要求していないが、特定することがまた法の趣旨に沿うものであるから就業規則の中で単に1週間につき1日といっただけではなく具体的に一定の日を休日と定める方法を規定するよう指導されたい。

（昭和23年5月5日基発682号　昭和63年3月14日基発150号）

【就業規則規定例】

> **（休日）**
>
> **第○条**　会社の休日は、次の通りとする。
>
> ①　土曜日
>
> ②　日曜日
>
> ③　国民の祝日に関する法律に定められた休日
>
> ④　年末年始（12月29日から翌年1月3日まで）
>
> ⑤　その他会社が休日と定めた日
>
> 2　前項の休日のうち、法定休日を上回る休日は所定休日とする。
>
> 3　第1項に関わらず、就業規則第○条の事業場外労働時間による「みなし労働時間制」によりリモートワークで業務に従事している従業員については、本人の申し出により、休日を変更することがある。この場合、法定休日を1週間に1回、所定休日を1週間に1回とし、会社は従業員本人の意見を聴き尊重しながら、休日を指定する。

(3)　確　認

　健康面の確保から、必要に応じて、休憩や休日を取得したかどうかの確認は必要です。万が一、取得していないような場合は、注意する必要がありますが、健康面は自らも注意し、健康を保持する義務があるものですから、その義務を怠った以上、リモートワークをさせないということも考えられます。

自分の裁量で働く。自由ほど責任が伴い、義務が生じます。自由には義務と責任が伴うことを並行して理解してもらうことも必要です。自由であるからこそ、自分で考えて行動しろということです。

10 深夜業についての取扱い

　事業所外労働による「みなし労働時間制」に関する規定は、労働時間の算定について適用されるものであり、労働基準法の深夜業に関する規定は除外されていません。事業所外労働による「みなし労働時間制」を採用した場合であっても、労働基準法の深夜業に関する規定は、当然に適用されます。事業所外労働による「みなし労働時間制」を採用しているのだから、深夜に労働しているかどうか分からないし、割増賃金の支払いも必要ないだろうということにはなりません。

　深夜業は、午後10時から午前５時までの深夜時間帯に労働させた場合の割増賃金の支払いを会社に義務付けています。これは深夜の労働という、その強度に対する社員への補償を意味するものであり、「みなし労働時間制」を採用したとしても、深夜の労働については、割増賃金を支払わなければなりません。

11 休日や深夜の労働時間の把握

　では、どうやって深夜の労働時間を把握すれば良いのでしょうか？厚生労働省労働基準局労働条件政策課の平成24年３月「在宅勤務での適正な労働時間管理の手引き」には「労使協定や就業規則などで、特別の指示または事前に許可した場合を除き、休日労働および深夜労働に従事してはならない旨規定し、その旨を在宅勤務者に指示徹底する

ことにより、休日労働や深夜労働は、使用者の具体的指揮監督下で行わせることとします。」とあります。

　事業所外労働による「みなし労働時間制」は、事業場外で業務に従事する場合で、かつ、会社や上司からの直接的な指揮監督が及ばないことから労働時間の把握ができず労働時間の算定が困難な場合を指しています。休日以外の労働日や深夜時間帯になるまでの時間は、会社や上司からの直接的な指揮監督が及ばないから労働時間の把握ができず労働時間の算定が困難なため「みなし労働時間」を労働時間としながら、休日や深夜時間帯は、会社や上司からの直接的な指揮監督を行い労働時間の把握をしろということです。これって矛盾していないでしょうか？　だいたい、深夜時間帯に上司から直接的な指揮監督があったら、これってどうなのでしょうか？　事故や緊急事態を想定したことなら分かりますが、そうでなければ問題があるようにも思います。

　そこで、休日や深夜時間帯の労働については、「在宅勤務での適正な労働時間管理の手引き」にあるように、原則禁止とし、労働する場合は、事前の許可を必要とします。そして、事前の許可を得て労働した場合は、社員本人から、実際の休日や深夜時間帯の労働時間を自己申告してもらい、労働時間を把握すれば良いと考えます。

12 事業場外労働による「みなし労働時間制」は、労働時間の適正な把握について適用除外

　事業場外労働による「みなし労働時間制」は、事業場外で業務に従事する場合で、かつ、会社や上司からの直接的な指揮監督が及ばないことから労働時間の把握ができず労働時間の算定が困難な場合において採用できるものです。このため、会社や上司に求められている労働

時間の適正な把握の責任と義務が実は適用除外となっています。このことは、「労働時間の適正な把握のために使用者が講ずべき措置に関するガイドライン（平成29年1月20日策定）」にも「（このガイドラインの）対象となる労働者は、労働基準法第41条に定める者及びみなし労働時間制が適用される労働者（事業場外労働を行う者にあっては、みなし労働時間制が適用される時間に限る。）を除くすべての労働者です。」と明確に記載されており、適用除外者となっています。

　ただし、このガイドラインが適用されない場合であっても、社員の健康を確保する観点からは労働時間状況の把握は必要です。会社や上司は、日ごろから長時間労働になっていないか、深夜時間帯での労働となっていないかどうかの確認をするなどの健康管理上の責任はあります。

【労働時間の適正な把握のために使用者が講ずべき措置に関するガイドライン（平成29年1月20日策定）】以下、一部抜粋

　2　適用の範囲

　　本ガイドラインの対象事業場は、労働基準法のうち労働時間に係る規定が適用される全ての事業場であること。

　　また、本ガイドラインに基づき使用者（使用者から労働時間を管理する権限の委譲を受けた者を含む。以下同じ。）が労働時間の適正な把握を行うべき対象労働者は、労働基準法第41条に定める者及びみなし労働時間制が適用される労働者（事業場外労働を行う者にあっては、みなし労働時間制が適用される時間に限る。）を除く全ての者であること。

　　なお、本ガイドラインが適用されない労働者についても、健康確保を図る必要があることから、使用者において適正な労働時間管理を行う責務があること。

事業場外労働による「みなし労働時間制」は、要件に該当すれば、実は深夜時間帯や休日に労働した割増賃金の支払いも不要

　先述の通り、事業所外労働による「みなし労働時間制」を採用した場合であっても、労働基準法の深夜や休日等に関する規定は、当然に適用されます。社員が深夜の時間帯や休日に労働した場合は、割増賃金の支払いも当然に必要です。ただし、一定の要件に該当する場合は、深夜の時間帯に労働した割増賃金や法定の休日労働における割増賃金を支払うことが不要となります。

　以下は、深夜の時間帯に労働した割増賃金や法定の休日労働における割増賃金を支払う必要はないということではなく、あくまでも一定の要件に該当すれば支払うことが不要だということであり、法律を守るべき立場の社会保険労務士として賃金の不払いを奨励しているものではありません。私が、リモートワークを導入し、事業所外労働による「みなし労働時間制」の採用を勧めるのは、社員が働きやすい職場環境を作っていくこと、そして1人ひとりの労働生産性、パフォーマンスを上げていくことにあり、社員が働きやすく、会社も管理がしやすく、業務の遂行を社員本人の裁量に任せるためにどうしたらよいのかというものであることを十分理解していただきたいと思います。

　小さな子供の世話や親の介護をしながら在宅勤務をしている場合や、実家に帰省し親の介護をしながらリモートワークしている場合などは、時折中断しながら子供の世話や親の介護をしなければなりません。日中では仕事が終わらず、結局は深夜や早朝に、また週末に仕事の穴埋めをしなければ終わらないということがあり得ます。「深夜労働は、すべきでない」「休日労働は、すべきでない」ことはよくわか

りますが、そういった社員のためには深夜の時間帯や休日に労働しても、本人の無理のない範囲ならある程度認めるべきではないでしょうか。在宅勤務やリモートワークでは、家庭と職場の線引きがあいまいになりがちです。「在宅勤務しながら、リモートワークしながら、いかにして家庭生活とのバランスをとるか？」を考えることがとても重要になります。家庭生活とのバランスをとるための1つの方法でもあることを理解していただきたいと思います。

　まず前提として、社員が、深夜の時間帯や休日に業務を行う場合は、事前に申告して許可を得た上で、その事後に報告をしなければならないこと（事前許可・事後報告制）を、就業規則などで規定します。

　その規定を定めている会社において、深夜や休日に業務を行ったのですが、深夜や休日に業務を行うことの事前の申告がなかった場合等で、以下のすべてに該当する時は、「社員の深夜労働や休日労働は、会社や上司のいかなる関与もなしに行われたものであると評価できる」ため、労働基準法上の労働時間には該当しません。

① 　会社や上司から深夜や休日に業務を行うことを強制されたり、義務付けられたりした事実がないこと。

② 　深夜や休日に業務を行わざるを得ないような会社や上司からの黙示の指揮命令がないこと。

　※社員が抱えている業務の量が過大であり、こなせるような業務量ではないような場合や、業務を行うための締切りや期限の設定に時間的な余裕がなく締切りまでや期限内に業務を終わらせることに明らかに無理があるような場合などが該当します。

③ 　深夜や休日に業務を行うことが客観的に推測できず、会社や上司がそれを知らないこと。

　※深夜や休日にその社員からメールが送信された事実が把握できる場合や、明らかに深夜や休日に業務を行わなければ作成できないような資料の提出があった場合などが該当します。

　さらに、事前許可・事後報告制について、以下の点についても満た

している必要があります。

①　深夜や休日に業務を行う場合の事前申告に対して、会社や上司から許可を得ることは難しいだろうと推測できるような事情がないこと。

※社員が深夜や休日に業務を行う場合の事前申告に上限時間が設定されており、上限を超えるような場合や上限に近いような場合は、事前申告をしないよう会社や上司から働きかけや圧力があったなどが該当します。

②　深夜や休日に業務を行った場合の事後報告に対して、会社や上司から承諾を得ることは難しいだろうと推測できるような事情がないこと。

※社員が深夜や休日に業務を行った場合の事後報告に上限時間が設定されており、上限を超えるような場合や上限に近いような場合は、事後報告をしないよう会社や上司から働きかけや圧力があったなどが該当します。

繰り返しになりますが、社員が働きやすい職場環境を作っていくこと、そして１人ひとりの労働生産性、パフォーマンスを上げていくことにより、社員が働きやすく、会社も管理がしやすい、そんな職場環境作りが、これからは必要です。リモートワークを導入し、家庭生活とのバランスを取るための１つの方法として、考えてみてください。

■例）ある会社の女性社員の例

就業規則等

「社員は、深夜や休日に業務を行う場合は、所属長に事前に申告して許可を得た上で行うものとし、その事後にも報告をしなければならない。」という記載あり。

会社の対応

①　会社や上司から深夜や休日に業務を行うことを強制されたり、義務付けられたりした事実がないこと。

② 深夜や休日に業務を行わざるを得ないような会社や上司からの黙示の指揮命令がないこと。

③ 深夜や休日に業務を行うことが客観的に推測できず、会社や上司がそれを知らないこと。

さらに、

① 深夜や休日に業務を行う場合の事前申告に対して、会社や上司から許可を得ることは難しいだろうと推測できるような事情がないこと。

② 深夜や休日に業務を行った場合の事後報告に対して、会社や上司から承諾を得ることは難しいだろうと推測できるような事情がないこと。

[社員の対応]

家庭生活とのバランスを取るため、深夜や休日に業務を行ったが、会社や上司には事前の許可および事後の報告をしていない。

[社員のひとりごと]

まったくもって手のかかる子供たち！　日中子供の世話にかかりっきりとなってしまい、ほとんど自分の仕事が終らなかったわ。今日は子供が寝静まってから、少し遅くまでやらないと終わらないかもしれない……。

やっと終わったわ。何時かしら？　あら、もうこんな時間。夜遅くなんて、美容と健康の敵よね。深夜までかかるとは思わなかったけど、子供との時間を大切にしたのだから仕方がないわよね。「子供との時間も大切にしたいし、仕事もきちんとこなしてキャリアを築きあげたい」し、バランスよね。日中子供の世話をしていて、仕事が終わったのが深夜になりました、なんて、会社に言えないわよね。

明日は、こんなことがないよう子供たちは夫に見させて、私は仕事

に集中しようっと。

旧【情報通信技術を利用した事業場外勤務の適切な導入及び実施のためのガイドライン（平成30年2月22日）】以下、一部抜粋

エ　時間外・休日労働の労働時間管理について

　テレワークについて、実労働時間やみなされた労働時間が法定労働時間を超える場合や、法定休日に労働を行わせる場合には、時間外・休日労働に係る三六協定の締結、届出及び割増賃金の支払が必要となり、また、現実に深夜に労働した場合には、深夜労働に係る割増賃金の支払が必要となる（労働基準法第36条及び第37条）。

　このようなことから、テレワークを行う労働者は、業務に従事した時間を日報等において記録し、使用者はそれをもって当該労働者に係る労働時間の状況の適切な把握に努め、必要に応じて労働時間や業務内容等について見直すことが望ましい。

　なお、労働者が時間外、深夜又は休日（以下エにおいて「時間外等」という。）に業務を行った場合であっても、少なくとも、就業規則等により時間外等に業務を行う場合には事前に申告し使用者の許可を得なければならず、かつ、時間外等に業務を行った実績について事後に使用者に報告しなければならないとされている事業場において、時間外等の労働について労働者からの事前申告がなかった場合又は事前に申告されたが許可を与えなかった場合であって、かつ、労働者から事後報告がなかった場合について、次の全てに該当する場合には、当該労働者の時間外等の労働は、使用者のいかなる関与もなしに行われたものであると評価できるため、労働基準法上の労働時間に該当しないものである。

　①　時間外等に労働することについて、使用者から強制されたり、義務付けられたりした事実がないこと。

　②　当該労働者の当日の業務量が過大である場合や期限の設定が不適切である場合等、時間外等に労働せざるを得ないような使用者から

の黙示の指揮命令があったと解し得る事情がないこと。

③　時間外等に当該労働者からメールが送信されていたり、時間外等に労働しなければ生み出し得ないような成果物が提出されたりしている等、時間外等に労働を行ったことが客観的に推測できるような事実がなく、使用者が時間外等の労働を知り得なかったこと。

ただし、上記の事業場における事前許可制及び事後報告制については、以下の点をいずれも満たしていなければならない。

①　労働者からの事前の申告に上限時間が設けられていたり、労働者が実績どおりに申告しないよう使用者から働きかけや圧力があったりする等、当該事業場における事前許可制が実態を反映していないと解し得る事情がないこと。

②　時間外等に業務を行った実績について、当該労働者からの事後の報告に上限時間が設けられていたり、労働者が実績どおりに報告しないように使用者から働きかけや圧力があったりする等、当該事業場における事後報告制が実態を反映していないと解し得る事情がないこと。

14　健康を確保する観点からの「労働時間状況の把握」

　会社や上司は、社員の健康に配慮し、社員の従事する作業を適切に管理しなければならず（健康配慮義務）、また社員の生命や身体そして健康を危険から保護すべき義務（安全配慮義務）を負っています。健康配慮義務や安全配慮義務があって初めて社員は安全に、そして健康的に仕事ができるのであって、これは基本的な義務です。

労働安全衛生法

（作業の管理）

第65条の3　事業者は、労働者の健康に配慮して、労働者の従事する作業を適切に管理するように努めなければならない。

労働契約法

（労働者の安全への配慮）

第5条　使用者は、労働契約に伴い、労働者がその生命、身体等の安全を確保しつつ労働することができるよう、必要な配慮をするものとする。

　事業場外労働による「みなし労働時間制」は、労働時間の把握ができず労働時間の算定が困難な場合ですので、実際の労働時間の把握はできないことが前提ですが、労働時間状況の把握は必要です。労働時間状況の把握とは、先述の通り実際の労働時間を把握することではなく、社員の健康確保の観点から、社員がいかなる時間帯にどの程度の時間、労働を提供し得る状態にあったかどうかを把握するものです。

　社員本人からの聞き取り調査や、場合によってはパソコンのログ等の状況をチェックするなどで把握すると良いでしょう。そして万が一把握した労働時間状況が、所定労働時間や業務の遂行に通常必要とされる時間、もしくは労使協定により定められた時間を超えているような場合は、その社員に対して、職務内容の見直しや職務の変更、リモートワークの中止、事業場外労働による「みなし労働時間制」の採用取消しを行う必要があります。

　リモートワークの中止、事業場外労働による「みなし労働時間制」の採用取消しは、あくまでもその社員のみです。事業場外労働による「みなし労働時間制」が合わなかったのは、その1人の社員であって、全員ではないのです。上手に活用できていた社員もいるのですから、

その社員からも取り上げる必要はありません。それぞれの社員の特性に合った労働時間管理をすればいいのです。全員一律にリモートワークを導入する必要はありません。合わなかった社員は出社勤務し、会社や上司が時間管理をし、その一方で、リモートワークを活用し、事業場外労働による「みなし労働時間制」によって、時間管理をしない社員がいてもいいのです。リモートワークを活用はしているが、時間管理を行っている社員がいてもいいのです。働き方の多様性が求められている時代だということを理解すべきです。

15 事業場外労働による「みなし労働時間」を適切に設定するための「労働時間の適正な把握」

　健康を確保する観点から「労働時間状況の把握」をする必要がありますが、そのほかにも事業場外労働による「みなし労働時間制」における労働時間は、①所定労働時間、②業務の遂行に通常必要とされる時間、③労使協定により定められた時間、のいずれか、あらかじめ定められた時間数をもって労働時間としますので、その時間が適正かどうかの確認も必要です。

　当初は、3か月や6か月に1度確認し、適正であればその後は1年程度を基準に適正かどうか、社員本人からの聞き取り調査などにより確認すると良いでしょう。

　もっとも、あまり細かく聞き取り調査をし、例えば、業務日報により、始業時刻、終業時刻、業務内容や進捗状況、遂行時間など、詳細にわたり会社や上司に報告させるなど、その日全体の実際の労働時間を把握することができるようなことになれば、「労働時間の把握ができず労働時間の算定が困難」とはいえなくなります。その場合は、事業場外労働による「みなし労働時間制」を採用することができなくな

りますので、ご注意ください。

 16 事業場外労働による「みなし労働時間制」の判断基準

　事業場外労働による「みなし労働時間制」は、「労働者が労働時間の全部又は一部について事業場外で業務に従事した場合において、労働時間を算定し難いとき」に採用できるものです。リモートワークの導入が、即「労働時間を算定し難いとき」にはなりません。

> ## リモートワーク≠労働時間を算定し難いとき

　ここでの「労働時間を算定し難いとき」とは、リモートワーク等により事業場外で業務に従事する場合で、かつ、会社や上司からの直接的な指揮監督が及ばないことから労働時間の把握ができず労働時間の算定が困難な場合を指しています。通達では、出張や営業において、時間管理する管理職や上司が同行している場合や、スマートフォンや携帯電話などで随時指示を受けている場合など会社や上司の具体的指揮監督が及んでいる場合、または当日の業務の具体的指示を受け、指示通り行動し帰社した場合などには、「労働時間を算定し難いとき」には当たらず、事業場外労働による「みなし労働時間制」の採用は認められないとしています。

　これをリモートワークでの勤務と置き換えれば、パソコン動作を監視されているような場合や、メールやチャット、スマートフォン等で会社や上司から随時指示があったりするような場合、またはその日1日の予定が会社や上司から把握されており、その予定通りに行動しているような場合は、「労働時間を算定し難いとき」には当たらず、事業場外労働による「みなし労働時間制」の採用できないということです。

通　達

　事業場外労働に関する「みなし労働時間制」の対象となるのは、事業場外で業務に従事し、かつ、使用者の具体的な指揮監督が及ばず労働時間を算定することが困難な業務であること。したがって、次の場合のように、事業場外で業務に従事する場合にあっても、使用者の具体的な指揮監督が及んでいる場合については、労働時間の算定が可能であるので、「みなし労働時間制」の適用はないものであること。

① 　何人かのグループで事業場外労働に従事する場合で、そのメンバーの中に労働時間の管理をする者がいる場合

② 　事業場外で業務に従事するが、無線やポケットベル等によって随時使用者の指示を受けながら労働している場合

③ 　事業場において、訪問先、帰社時刻等当日の業務の具体的指示を受けたのち、事業場外で指示どおりに業務に従事し、その後事業場にもどる場合

（昭和63年1月1日　基発第1号）

　また、他の通達でも、在宅勤務（通達では、「労働者が自宅で情報通信機器を用いて行う勤務形態」と定義しています）について、以下の要件を満たせば、「労働時間を算定し難いとき」に当たり、事業場外労働による「みなし労働時間制」の採用が可能であるとしています。これはそのままリモートワークでの勤務と置き換えることが可能です。

① 　業務が、私生活を営む自宅で行われていること。

② 　パソコン等の情報通信機器が、会社や上司の指示により「常にメールが見られるようにし、すぐに返信するように！」とされていないこと。

③ 　業務が、随時会社や上司の具体的な指示に基づいて業務を行われていないこと。

　②と③は、ほぼ先の通達と同じ内容ですが、要は四六時中監視をし、

70

随時会社や上司の指示を受け業務が行われていなければ、「労働時間を算定し難いとき」に当たり、事業場外労働による「みなし労働時間制」を採用することができるということです。

①は、業務が自宅やカフェ、サテライトオフィスで行われていることと置き換えてみてください。

②の情報通信機器とは、パソコンからのメールやチャット、スマートフォンでの連絡などです。情報通信機器が、会社や上司からの指示により常時通信可能な状態におかれており、情報通信機器を通じた会社や上司からの指示に即応する義務があるような状態であれば、事業場外労働による「みなし労働時間制」を採用することはできません。指示には黙示の指示を含みます。

また、「会社や上司からの指示に即応する義務がない状態」とは、会社や上司が社員に対して情報通信機器を用いて随時具体的指示を行うことが可能であり、さらに、会社や上司からの具体的な指示に備えて待機しつつ実作業を行っている状態や手待ち状態で待機している状態にはないことを指しています。例えば、回線が接続されているだけで、労働者が自由に情報通信機器から離れることや通信可能な状態を切断することが認められている場合、会社支給の携帯電話等を所持していても、労働者の即応の義務が課されていないことが明らかである場合等は「会社や上司の指示に即応する義務がない」場合に当たります。

したがって、サテライトオフィス勤務等で、常時回線が接続されており、その間労働者が自由に情報通信機器から離れたり通信可能な状態を切断したりすることが認められず、また会社や上司の指示に対し労働者が即応する義務が課されている場合には、「情報通信機器が、会社や上司の指示により「常にメールが見られるようにし、すぐに返信するように！」とされていると考えられます。

なお、この場合の「情報通信機器」とは、会社が支給したものか、

労働者個人が所有するものか等を問わず、労働者が会社や上司と通信するために使用するパソコンやスマートフォン・携帯電話端末等を指します。

　③の「具体的な指示」には、例えば、業務の目的、目標、期限等の基本的事項を指示することや、これら基本的事項について所要の変更の指示をすることは含まれません。例えば業務の目的、目標、期限などの基本的事項を指示することや、この基本的事項について変更を指示することは「具体的な指示」には該当しません。

通　　達

> 問　次に掲げるいずれの要件をも満たす形態で行われる在宅勤務（労働者が自宅で情報通信機器を用いて行う勤務形態をいう。）については、原則として、労働基準法第38条の2に規定する事業場外労働に関するみなし労働時間制が適用されるものと解してよろしいか。
> ［1］　当該業務が、起居寝食等私生活を営む自宅で行われること。
> ［2］　当該情報通信機器が、使用者の指示により常時通信可能な状態におくこととされていないこと。
> ［3］　当該業務が、随時使用者の具体的な指示に基づいて行われていないこと。

　答　貴見のとおり。
　　なお、この場合において、「情報通信機器」とは、一般的にはパソコンが該当すると考えられるが、労働者の個人所有による携帯電話端末等が該当する場合もあるものであり、業務の実態に応じて判断されるものであること。
　　「使用者の指示により常時」とは、労働者が自分の意思で通信可能な状態を切断することが使用者から認められていない状態の意味であること。

　「通信可能な状態」とは、使用者が労働者に対して情報通信機器を用いて電子メール、電子掲示板等により随時具体的指示を行うことが可能であり、かつ、使用者から具体的指示があった場合に労働者がそれに即応しなければならない状態（即ち、具体的な指示に備えて手待ち状態で待機しているか、又は待機しつつ実作業を行っている状態）の意味であり、これ以外の状態、例えば、単に回線が接続されているだけで労働者が情報通信機器から離れることが自由である場合等は「通信可能な状態」に当たらないものであること。

　「具体的な指示に基づいて行われる」には、例えば、当該業務の目的、目標、期限等の基本的事項を指示することや、これらの基本的事項について所要の変更の指示をすることは含まれないものであること。

　また、自宅内に仕事を専用とする個室を設けているか否かにかかわらず、みなし労働時間制の適用要件に該当すれば、当該制度が適用されるものである。

基発第0305001号　平成16年3月5日
改正　基発第0728002号　平成20年7月28日

【テレワークの適切な導入及び実施の推進のためのガイドライン（令和3年3月25日　公表）】以下、一部抜粋

ウ　事業場外みなし労働時間制

　事業場外みなし労働時間制は、労働者が事業場外で業務に従事した場合において、労働時間を算定することが困難なときに適用される制度であり、使用者の具体的な指揮監督が及ばない事業場外で業務に従事することとなる場合に活用できる制度である。テレワークにおいて一定程度自由な働き方をする労働者にとって、柔軟にテレワークを行うことが可能となる。

　テレワークにおいて、次の①②をいずれも満たす場合には、制度を適用することができる。

①　情報通信機器が、使用者の指示により常時通信可能な状態におく

こととされていないこと

　この解釈については、以下の場合については、いずれも①を満たすと認められ、情報通信機器を労働者が所持していることのみをもって、制度が適用されないことはない。

- 勤務時間中に、労働者が自分の意思で通信回線自体を切断することができる場合
- 勤務時間中は通信回線自体の切断はできず、使用者の指示は情報通信機器を用いて行われるが、労働者が情報通信機器から自分の意思で離れることができ、応答のタイミングを労働者が判断することができる場合
- 会社支給の携帯電話等を所持していても、その応答を行うか否か、又は折り返しのタイミングについて労働者において判断できる場合

②　随時使用者の具体的な指示に基づいて業務を行っていないこと
　以下の場合については②を満たすと認められる。

- 使用者の指示が、業務の目的、目標、期限等の基本的事項にとどまり、一日のスケジュール（作業内容とそれを行う時間等）をあらかじめ決めるなど作業量や作業の時期、方法等を具体的に特定するものではない場合

17 最高裁判例：阪急トラベルサポート事件

　リモートワークを導入し、実際に事業場外労働による「みなし労働時間制」を採用する場合は、「労働時間を算定し難いとき」について、少なくとも以下の2つの状況が整っていることが大前提となります。

①　会社や上司の具体的な指揮命令が及ばないと評価され
②　客観的にみて労働時間を把握することが困難な状況にあること

　これは、これまでの事業場外労働による「みなし労働時間制」を巡る訴訟のなかで示された裁判所の考え方です。つまりこの2つのポイントを外さなければ、「労働時間を算定し難いとき」に当たり、事業場外労働による「みなし労働時間制」を採用することができるということです。逆にいえば、これらのポイントから外れている状況にもかかわらず、事業場外労働による「みなし労働時間制」を採用しようとすると、「偽装みなし労働時間制」となり違法となってしまいます。

　下記は、旅行会社に派遣された添乗員が、事業場外労働による「みなし労働時間制」を採用し、所定労働時間労働したものとみなされていたツアー中の労働時間について、「労働時間を算定し難いとき」には当たらないとして時間外労働における割増賃金の支払いを求めた判例です。

　旅行会社が行っていた行為を見ると、明らかに「それは、どう考えたって時間管理しているでしょう！」と突っ込みたくなるような内容です。読めば、敗訴して当然のことと理解できます。大事なことは、本人にすべてを任せるということです。

概　略

　旅行会社は、派遣添乗員に対し、

① 　ツアーの開始前に、パンフレット内容や最終日程表、これに沿った手配状況を示したアイテナリーにより、具体的な目的地やその場所において行うべき観光等の内容や手順等を示すとともに、添乗員用のマニュアルにより具体的な業務の内容を示し、これらに従った業務を行うことを命じていた。

② 　ツアーの実施中においても、携帯電話を所持して常時電源を入れておき、ツアー参加者との間で契約上の問題やクレームが生じ得る旅行日程の変更が必要となる場合には、旅行会社に報告して指示を受けることを求めていた。

③　ツアーの終了後においては、旅程の管理等の状況を具体的に把握することができる添乗日報によって、業務の遂行の状況等の詳細かつ正確な報告を求めていた。

　また、派遣添乗員は、旅行会社に対し、

①　ツアーの催行時において、ツアー参加者の了承なく、パンフレットや最終日程表等の内容を変更することは、原則として、旅行会社とツアー参加者との間の契約に係る旅行業約款に定められた旅程保証に反することとなり、旅行会社からツアー参加者への変更補償金の支払いが必要になるため、そのような変更が生じないように旅程の管理をすることが義務付けられている。

②　他方、旅行の安全かつ円滑な実施を図るためやむを得ないときは、添乗員の判断でその変更の業務を行うこともあるが、変更補償金の支払など契約上の問題が生じ得る変更や、ツアー参加者からのクレームの対象となるおそれのある変更が必要となったときは、旅行会社の営業担当者宛てに報告して指示を受けることが求められている。

　このような状況の中で、添乗員の業務について「添乗員の勤務の状況を具体的に把握することが困難」であり、労働基準法38条の2第1項にいう「労働時間を算定し難いとき」に当たるかどうか争われました。

判　決

　添乗業務について、旅行会社は、「添乗員との間で、あらかじめ定められた旅行日程に沿った旅程の管理等の業務を行うべきことを具体的に指示した上で、予定された旅行日程に途中で相応の変更を要する事態が生じた場合には、その時点で個別の指示をする」ことになっており、「旅行日程の終了後は内容の正確性を確認し得る添乗日報によって業務の遂行の状況等につき詳細な報告を受ける」ことになっていた

ということができる。

　以上のような業務の性質、内容やその遂行の態様、状況等、旅行会社と添乗員との間の業務に関する指示及び報告の方法、内容やその実施の態様、状況等に鑑みると、本件添乗業務については、添乗員の勤務の状況を具体的に把握することが困難であったとは認め難く、労働基準法38条の2第1項にいう「労働時間を算定し難いとき」に当たるとはいえない、としました。

◆阪急トラベルサポート事件

平成24年（受）第1475号　残業代等請求事件
平成26年1月24日　最高裁第二小法廷判決

主　文
本件上告を棄却する。
上告費用は上告人の負担とする。

理　由
上告代理人太田恒久ほかの上告受理申立て理由第2ないし第5について
1　本件は、上告人に雇用されて添乗員として旅行業を営む会社に派遣され、同会社が主催する募集型の企画旅行の添乗業務に従事していた被上告人が、上告人に対し、時間外割増賃金等の支払を求める事案である。上告人は、上記添乗業務については労働基準法38条の2第1項にいう「労働時間を算定し難いとき」に当たるとして所定労働時間労働したものとみなされるなどと主張し、これを争っている。

2　原審の適法に確定した事実関係等の概要は、次のとおりである。

(1)　上告人は、一般労働者派遣事業等を目的とする株式会社である。

被上告人は、株式会社Ａ（以下「本件会社」という。）がその企画に係る海外旅行として主催する募集型の企画旅行（本件会社の定める旅行業約款においては、旅行業者が、あらかじめ、旅行の目的地及び日程、旅行者が提供を受けることができる運送又は宿泊のサービスの内容並びに旅行者が旅行業者に支払うべき旅行代金の額を定めた旅行に関する計画を作成し、これにより旅行者を募集して実施する旅行をいうものとされている。以下、個別の当該旅行を「ツアー」という。）ごとに、ツアーの実施期間を雇用期間と定めて上告人に雇用され、添乗員として本件会社に派遣されて、添乗業務に従事している。上告人が、被上告人を雇用するに当たり作成している派遣社員就業条件明示書には、就業時間につき、原則として午前８時から午後８時までとするが、実際の始業時刻、終業時刻及び休憩時間については派遣先の定めによる旨の記載がある。

なお、上告人から本件会社に派遣されてその業務に従事している被上告人について、派遣先である本件会社は、就業日ごとの始業時刻、終業時刻等を記載した派遣先管理台帳を作成し、これらの事項を派遣元である上告人に通知する義務を負い（労働者派遣事業の適正な運営の確保及び派遣労働者の保護等に関する法律（平成24年法律第27号による改正前の法律の題名は労働者派遣事業の適正な運営の確保及び派遣労働者の就業条件の整備等に関する法律）42条１項、３項）、上告人は、本件会社から上記の通知を受けて時間外労働の有無やその時間等を把握し、その対価である割増賃金を支払うこととなる。

(2)　本件会社が主催するツアーにおいては、ツアーに参加する旅行者（以下「ツアー参加者」という。）の募集に当たり作成されるパンフレット等が、本件会社とツアー参加者との間の契約内容等を定める書面であり、出発日の７日前頃にツアー参加者に送付される最終日程表が、

その契約内容等を確定させるものである。最終日程表には、発着地、交通機関、スケジュール等の欄があり、ツアー中の各日について、最初の出発地、最終の到着地、観光地等（観光施設を含む。以下同じ。）の目的地、その間の運送機関及びそれらに係る出発時刻、到着時刻、所要時間等が記載されている。

　また、本件会社の依頼を受けて現地手配を行う会社が英文で作成する添乗員用の行程表であるアイテナリーには、ホテル、レストラン、バス、ガイド等の手配の状況（手配の有無、現地ガイドとの待ち合わせ場所等）や手配の内容に係る予定時刻が記載されている。

(3)　本件会社が主催するツアーにおける添乗員の業務（以下「本件添乗業務」という。）の内容は、おおむね次のとおりである。

　ツアーの担当の割当てを受けた添乗員は、出発日の2日前に、上告人の事業所に出社して、パンフレット、最終日程表、アイテナリー等を受け取り、現地手配を行う会社の担当者との間で打合せを行うなどする。出発日当日には、ツアー参加者の空港集合時刻の1時間前までに空港に到着し、航空券等を受け取るなどした後、空港内の集合場所に行き、ツアー参加者の受付や出国手続及び搭乗手続の案内等を行い、現地に向かう航空機内においては搭乗後や到着前の時間帯を中心に案内等の業務を行った上、現地到着後はホテルへのチェックイン等を完了するまで手続の代行や案内等の業務を行う。現地においては、アイテナリーに沿って、原則として朝食時から観光等を経て夕食の終了まで、旅程の管理等の業務を行う。そして、帰国日においても、ホテルの出発前から航空機への搭乗までの間に手続の代行や案内等の業務を行うほか、航空機内でも搭乗後や到着前の時間帯を中心に案内等の業務を行った上、到着した空港においてツアー参加者が税関を通過するのを見届けるなどして添乗業務を終了し、帰国後3日以内に上告人の事業所に出社して報告を行うとともに、本件会社に赴いて添乗日報やツアー参加者から回収したアンケート等を提出する。

(4)　本件会社が作成した添乗員用のマニュアルには、おおむね、上記(3)のような内容の業務を行うべきことが記載されている。

　また、本件会社は、添乗員に対し、国際電話用の携帯電話を貸与し、常にその電源を入れておくものとした上、添乗日報を作成し提出することも指示している。添乗日報には、ツアー中の各日について、行程に沿って最初の出発地、運送機関の発着地、観光地等の目的地、最終の到着地及びそれらに係る出発時刻、到着時刻等を正確かつ詳細に記載し、各施設の状況や食事の内容等も記載するものとされており、添乗日報の記載内容は、添乗員の旅程の管理等の状況を具体的に把握することができるものとなっている。

(5)　ツアーの催行時において、ツアー参加者の了承なく、パンフレットや最終日程表等に記載された旅行開始日や旅行終了日、観光地等の目的地、運送機関、宿泊施設等を変更することは、原則として、本件会社とツアー参加者との間の契約に係る旅行業約款に定められた旅程保証に反することとなり、本件会社からツアー参加者への変更補償金の支払が必要になるものとされている。そのため、添乗員は、そのような変更が生じないように旅程の管理をすることが義務付けられている。

　他方、旅行の安全かつ円滑な実施を図るためやむを得ないときは、必要最小限の範囲において旅行日程を変更することがあり、添乗員の判断でその変更の業務を行うこともあるが、添乗員は、目的地や宿泊施設の変更等のようにツアー参加者との間で変更補償金の支払など契約上の問題が生じ得る変更や、ツアー参加者からのクレームの対象となるおそれのある変更が必要となったときは、本件会社の営業担当者宛てに報告して指示を受けることが求められている。

3　上記事実関係の下において、本件添乗業務につき、労働基準法38条の2第1項にいう「労働時間を算定し難いとき」に当たるかどう

かについて検討する。

本件添乗業務は、ツアーの旅行日程に従い、ツアー参加者に対する案内や必要な手続の代行などといったサービスを提供するものであるところ、ツアーの旅行日程は、本件会社とツアー参加者との間の契約内容としてその日時や目的地等を明らかにして定められており、その旅行日程につき、添乗員は、変更補償金の支払など契約上の問題が生じ得る変更が起こらないように、また、それには至らない場合でも変更が必要最小限のものとなるように旅程の管理等を行うことが求められている。そうすると、本件添乗業務は、旅行日程が上記のとおりその日時や目的地等を明らかにして定められることによって、業務の内容があらかじめ具体的に確定されており、添乗員が自ら決定できる事項の範囲及びその決定に係る選択の幅は限られているものということができる。

また、ツアーの開始前には、本件会社は、添乗員に対し、本件会社とツアー参加者との間の契約内容等を記載したパンフレットや最終日程表及びこれに沿った手配状況を示したアイテナリーにより具体的な目的地及びその場所において行うべき観光等の内容や手順等を示すとともに、添乗員用のマニュアルにより具体的な業務の内容を示し、これらに従った業務を行うことを命じている。そして、ツアーの実施中においても、本件会社は、添乗員に対し、携帯電話を所持して常時電源を入れておき、ツアー参加者との間で契約上の問題やクレームが生じ得る旅行日程の変更が必要となる場合には、本件会社に報告して指示を受けることを求めている。さらに、ツアーの終了後においては、本件会社は、添乗員に対し、前記のとおり旅程の管理等の状況を具体的に把握することができる添乗日報によって、業務の遂行の状況等の詳細かつ正確な報告を求めているところ、その報告の内容については、ツアー参加者のアンケートを参照することや関係者に問合せをすることによってその正確性を確認することができるものになっている。こ

れらによれば、本件添乗業務について、本件会社は、添乗員との間で、あらかじめ定められた旅行日程に沿った旅程の管理等の業務を行うべきことを具体的に指示した上で、予定された旅行日程に途中で相応の変更を要する事態が生じた場合にはその時点で個別の指示をするものとされ、旅行日程の終了後は内容の正確性を確認し得る添乗日報によって業務の遂行の状況等につき詳細な報告を受けるものとされているということができる。

　以上のような業務の性質、内容やその遂行の態様、状況等、本件会社と添乗員との間の業務に関する指示及び報告の方法、内容やその実施の態様、状況等に鑑みると、本件添乗業務については、これに従事する添乗員の勤務の状況を具体的に把握することが困難であったとは認め難く、労働基準法38条の2第1項にいう「労働時間を算定し難いとき」に当たるとはいえないと解するのが相当である。

4　原審の判断は、以上と同旨をいうものとして是認することができる。論旨は採用することができない。

　なお、その余の上告については、上告受理申立て理由が上告受理の決定において排除されたので、棄却することとする。

　よって、裁判官全員一致の意見で、主文のとおり判決する。

（裁判長裁判官　小貫芳信　裁判官　千葉勝美　裁判官　鬼丸かおる　裁判官　山本庸幸）

18 事業場外労働による「みなし労働時間制」における手続き

事業場外労働による「みなし労働時間制」を採用する場合は、就業規則等への記載が必要です。ただし、多くの会社では出張等における労働時間の規定において、この事業場外労働による「みなし労働時間制」を採用

> **就業規則**
> 第○条　会社は、従業員に対し、業務上の必要性がある場合は、出張等事業場外での労働を命じることがある。

していると思いますので、その規定への加筆・変更でも対応は可能です。

労働時間を会社の所定労働時間とする場合や、業務の遂行に通常必要とされる時間を労働時間とする場合は、就業規則等への記載もしくは加筆・変更だけで、事業場外労働による「みなし労働時間制」を採用することができます。業務の遂行に通常必要とされる時間を労使協定で定める場合も、労使協定により定められた時間が法定労働時間を超えない場合は、就業規則等への記載だけで、事業場外労働による「みなし労働時間制」を採用することができます。

しかし、労使協定により定められた時間が法定労働時間を超える場合には、就業規則等への記載のほかに、労使協定を所轄の労働基準監督署長に届け出なければなりません。この労使協定は、規則様式第12号により届け出ます。ただし、労使協定の内容を「時間外労働及び休日労働に関する協定届（いわゆる36協定届）」に付記して届け出ることもできます。多くの会社ではこの36協定届を所轄労働基準監督署へ届け出ていると思いますので、わざわざ規則様式第12号で届け出せず、36協定届に付記して届け出すれば良いでしょう。

付記して届け出る場合においては、事業場外労働による「みなし労働時間制」の対象業務と他の通常業務とは区別し、事業場外労働による「みなし労働時間制」の対象業務であることを括弧書きした上で、「所定労働時間」の欄には業務の遂行に通常必要とされる時間を括弧書きすることが必要です。また、「協定の有効期間」の欄には事業場外労働に関する協定の有効期間を括弧書きします。36協定届の裏面の備考に記載されていますので、ご確認ください。

労働基準法施行規則

第24条の２　法第38条の２第１項の規定は、法第四章の労働時間に関する規定の適用に係る労働時間の算定について適用する。

２　法第38条の２第２項の協定（労働協約による場合を除き、労使委員会の決議及び労働時間等設定改善委員会の決議を含む。）には、有効期間の定めをするものとする。

３　法第38条の２第３項の規定による届出は、様式第12号により、所轄労働基準監督署長にしなければならない。ただし、同条第２項の協定で定める時間が法第32条又は第40条に規定する労働時間以下である場合には、当該協定を届け出ることを要しない。

４　使用者は、法第38条の２第２項の協定の内容を法第36条第１項の規定による届出（労使委員会の決議の届出及び労働時間等設定改善委員会の決議の届出を除く。）に付記して所轄労働基準監督署長に届け出ることによって、前項の届出に代えることができる。

【様式第12号（事業場外労働による協定届）】

様式第12号（第24条の2第3項関係）

事業場外労働に関する協定届

事 業 の 種 類	事 業 の 名 称	事業の所在地（電話番号）		
食料品製造業	○○株式会社	〜		
業 務 の 種 類	該 当 労 働 者 数	1日の所定労働時間	協定で定める時間	協定の有効期間
業務管理	22人	8時間	9時間	令和○年4月から1年間
製造管理	16人		10時間	
時間外労働に関する協定の届出年月日		令和○年○月○日		

協定の成立年月日　　　○ 年 ○ 月 ○ 日
協定の当事者である労働組合（事業場の労働者の過半数で組織する労働組合）の名称
　　　　　　又は労働者の過半数を代表する者の　職名○○株式会社業務管理部業務管理課長主任
　　　　　　　　　　　　　　　　　　　　　　氏名　　○○
協定の当事者（労働者の過半数を代表する者の場合）の選出方法
　　（投票による選挙　　　　　　　　　　　　　　　　　　　　　　）
　上記協定の当事者である労働組合が事業場の全ての労働者の過半数で組織する労働組合である又は上記協定の当事者である労働者の過半数を代表する者が事業場の全ての労働者の過半数を代表する者であること。☑（チェックボックスに要チェック）
　上記労働者の過半数を代表する者が、労働基準法第41条第2号に規定する監督又は管理の地位にある者でなく、かつ同法に規定する協定等をする者を選出することを明らかにして実施される投票、挙手等の方法による手続により選出された者であつて使用者の意向に基づき選出されたものでないこと。☑（チェックボックスに要チェック）

　　　　　○ 年 ○ 月 ○ 日
　　　　　　　　　　　　　　　　　　　　　　使用者　職名○○株式会社代表取締役
　　　　○　○　　労働基準監督署長殿　　　　　　　　氏名　　○○

記載心得
1　「時間外労働に関する協定の届出年月日」の欄には、当該事業場における時間外労働に関する協定の届出の年月日（届出をしていない場合はその予定年月日）を記入すること。
2　協定については、労働者の過半数で組織する労働組合がある場合はその労働組合と、労働者の過半数で組織する労働組合がない場合は労働者の過半数を代表する者と協定すること。なお、労働者の過半数を代表する者は、労働基準法施行規則第6条の2第1項の規定により、労働基準法第41条第2号に規定する監督又は管理の地位にある者でなく、かつ、同法に規定する協定等をする者を選出することを明らかにして実施される投票、挙手等の方法による手続により選出された者であつて、使用者の意向に基づき選出されたものでないこと。これらの要件を満たさない場合には、有効な協定とはならないことに留意すること。また、これらの要件を満たしていても、当該要件に係るチェックボックスにチェックがない場合には、届出の形式上の要件に適合していないことに留意すること。
3　本様式をもつて協定とする場合においても、協定の当事者たる労使双方の合意があることが、協定上明らかとなるような方法により締結するよう留意すること。

就業規則例

　就業規則の記載例は、以下のとおりです。リモートワークを通常の勤務とはまったく別の勤務として「リモートワーク規程」等を別途作成しても構いません。ただリモートワークを特別視せず、通常の勤務の中の一環として考えて欲しいとは思います。

　ここではあくまでもリモートワークを特別視せず、通常の勤務の一環としての就業規則の記載例を挙げています（以降他の章も同じ）。就業規則第5項の休憩については、「一斉休憩の適用除外の協定書」があることを想定しています。

【新しく規定を作成する場合】

> **（在宅勤務等リモートワーク）**
>
> **第○条**　会社は、従業員に対し、業務上の必要性がある場合は、在宅勤務等リモートワークを認めることがある。
>
> 2　前項の規定は、次の各号に掲げる従業員のうち、評価基準が○○以上であり、本人からの申し出により、会社が承認した者に限るものとする。
>
> 　①　○○部（もしくは○○職、もしくは○○業務を遂行する者など）
> 　②
>
> 3　前項に定める従業員が、労働時間の全部また又は一部について、在宅勤務等リモートワークで業務に従事した場合において、労働時間を算定し難いときは、第○条に定める所定労働時間労働したものとみなす。
>
> 4　前項の事業場外で業務を遂行するためには通常所定労働時間を超えて労働することが必要な場合において、その業務に関しては、そ

の業務の遂行に通常必要とされる時間労働したものとみなす。

5　第1項に定める従業員は、第○条（休憩時間）の規定にかかわら
ず、休憩時間を業務遂行の必要に応じ、自らの裁量により具体的な
時間配分を決定することができる。

6　第1項に定める従業員が、休日または深夜に労働する場合につい
ては、あらかじめ所属長の許可を受けなければならない。

7　前項により、許可を受けて休日又は深夜に労働した場合において
は、会社は、賃金規程の定めるところにより所定の手当を支払うも
のとする。

8　第1項の規定は、会社の判断により取り消すことがある。

【労使協定で定める時間労働したとみなす場合】

（事業場外労働）

〜3までと、5〜8は略（上記参照）

4　前項において、労働基準法第38条の2第2項に基づく労使協定が
締結された場合には、その協定で定める時間をもって、その業務の
遂行に通常必要とされる時間労働したものとみなす。

【出張等の規定を加筆・変更する場合】

（事業場外労働）

第○条　会社は、従業員に対し、業務上の必要性がある場合は、出張
等事業場外での労働を命じることがある。

2　従業員が労働時間の全部または一部について事業場外で業務に従
事した場合において、労働時間を算定し難いときは、第○条に定め
る所定労働時間労働したものとみなす。

3　前項の事業場外で業務を遂行するためには通常所定労働時間を超
えて労働することが必要な場合において、その業務に関しては、そ

の業務の遂行に通常必要とされる時間労働したものとみなす。

4　この条の規定については、在宅勤務等リモートワークについても適用する。但し、在宅勤務等リモートワークについては、次の各号に掲げる従業員のうち、評価基準が○○以上であり、本人からの申し出により、会社が承認した者に限るものとする。また、会社の判断により承認を取り消すこともある。

①　○○部（もしくは○○職、もしくは○○業務を遂行する者など）

②

5 ～ 8 は略（上記参照）

20　労使協定例

　労使協定の記載例は、以下の通りです。部署や担当業務、職種、担当地区別もしくは業務の繁閑の時期などで通常必要とされる時間に差異がある場合は、部署や業務、職種、地域ごと、時期に応じてそれぞれについて定めることもできます。柔軟に考えるとよいでしょう。

【通常必要とされる時間に差異がない場合】

事業場外労働に関する協定

　○○株式会社と従業員代表○○○○は、就業規則第○条の規定に基づき、事業場外労働時間による「みなし労働時間制」に関して、次のとおり協定する。

（対象となる従業員の範囲）

第1条　本協定は、次の各号に掲げる従業員（以下「対象従業員」と

いう。）のうち本人から申し出た者に適用する。ただし、評価基準が○○以上であり、上司が承認した者に限る。

①　○○部（もしくは○○職）

②

（みなし労働時間）

第2条　対象従業員が、労働時間の全部または一部について、事業場外で業務に従事した場合であって、労働時間を算定し難いときは、1日○時間とする。

2　前項の規定により、法定労働時間を超える時間に対しては、賃金規定第○条の定めるところにより時間外勤務手当を支払う。

（休憩時間）

第3条　対象従業員の休憩時間は、就業規則第○条（一斉休憩の適用除外）により定められた「一斉休憩の適用除外に関する協定書」によるものとする。

（有効期間）

第4条　この協定の有効期間は、令和○年○月1日から令和○年○月31日までの1年間とする。ただし、会社および組合から改定の申出がない場合には、1年ごとに自動更新するものとする。

令和○年○月1日

○○株式会社　代表取締役　○○○○

従業員代表　　　　　　　○○○○

【通常必要とされる時間に差異がある場合】

事業場外労働に関する協定

○○株式会社と従業員代表○○○○は、就業規則第○条の規定に基づき、事業場外労働時間によるみなし労働時間制に関して、次のとお

り協定する。

（対象となる従業員の範囲）

第1条　本協定は、次の各号に掲げる従業員（以下「対象従業員」という。）のうち本人から申し出た者に適用する。ただし、評価基準が○○以上であり、上司が承認した者に限る。

① ○○部（若しくは○○職）

② ××部

（みなし労働時間）

第2条　対象従業員が、労働時間の全部または一部について、事業場外で業務に従事した場合であって、労働時間を算定し難いときは、1日の労働時間は次の表の通りとする。

業務の種類	毎月20日から25日における労働時間	左以外の期間における労働時間
○○部○○課	10時間	8時間
○○部（上記以外）	8時間	8時間

業務の種類	6・7月および10・11月における労働時間	左以外の期間における労働時間
××部××課	9時間	5時間
××部（上記以外）	8時間	4時間

2　前項の規定により、法定労働時間を超える時間に対しては、賃金規定第○条の定めるところにより時間外勤務手当を支払う。

（休憩時間）

第3条　対象従業員の休憩時間は、就業規則第○条（一斉休憩の適用除外）により定められた「一斉休憩の適用除外に関する協定書」によるものとする。

（有効期間）

第4条　この協定の有効期間は、令和○年○月1日から令和○年○月31日までの1年間とする。ただし、会社および組合から改定の申出

がない場合には、1年ごとに自動更新するものとする。

令和○年○月1日

　　　　　　　　　　　　○○株式会社　代表取締役　　○○○○

　　　　　　　　　　　　従業員代表　　　　　　　　○○○○

 ## 労使協定についての注意点

　労働者の過半数で組織する労働組合がない場合は、労働者の過半数を代表する者と書面による協定を締結します。過半数の代表者を選出するにあたっては、「監督又は管理の地位にある者」をも含めた労働者の過半数であることが必要です。ただし、選出される過半数の代表者は、「監督又は管理の地位にある者」以外の者であることが必要です。一般的には、課長職以上が過半数の代表者となることは、望ましくないものとされています。

　なお、過半数の代表者であった者が、労使協定の有効期間中に「監督又は管理の地位にある者」となった場合でも、改めて労使協定を締結し直す必要はありません。過半数の代表者が、「監督又は管理の地位にある者」以外の者であることは労使協定の成立要件にとどまり、存続要件ではないからです。

　また、労働者の過半数の代表者は、労使協定における労働者の過半数の代表者の選出であることを明らかにして実施する必要があり、投票、挙手等民主的な方法による手続きによって選出された者であり、会社や上司の意向によって選出された者であってはなりません。

労働基準法施行規則

第6条の2 36協定等に規定する労働者の過半数を代表する者は、次の各号のいずれにも該当する者とする。

1 監督又は管理の地位にある者でないこと。

2 法に規定する協定等をする者を選出することを明らかにして実施される投票、挙手等の方法による手続により選出された者であって、使用者の意向に基づき選出されたものでないこと。

通 達

「労働者の過半数代表者の要件」は、次のいずれの要件も満たすものであること。

(1) 監督又は管理の地位にある者でないこと。

(2) 法に基づく労使協定の締結当事者、就業規則の作成・変更の際に候補者から意見を聴取される者等を選出することを明らかにして実施される投票、挙手等の方法による手続きにより選出された者であり、使用者の意向によって選出された者ではないこと。

なお、監督又は管理の地位にある者のみの事業場である場合）には、上記(2)の要件を満たすことで足りるものであること。

（平成11年1月29日　基発45号）

問　施行規則第6条の2に規定する「投票、挙手等」の「等」には、どのような手続が含まれているか。

答　労働者の話合い、持ち回り決議等労働者の過半数が当該者の選任を支持していることが明確になる民主的な手続が該当する。

（平成11年3月31日　基発169号）

労使協定に代わる委員会決議

　労働時間等設定改善委員会が設置されている場合においては、その委員の5分の4以上の多数による議決があれば、労使協定に代えることができます。みなし労働時間が法定労働時間を超えている場合は、所轄労働基準監督署長への届出が必要ですが、委員会決議の届出は免除されています。

　ただし、労使協定の内容を「時間外労働及び休日労働に関する協定届（いわゆる36協定届）」に付記する場合は、36協定届自体が免除されていないため、届け出る必要があります。

　労働時間等設定改善委員会は、労働時間等の設定の改善を効果的に実施するために、労働時間等の設定の改善に関する事項を調査審議し、会社に意見を述べる労使の協議機関として、会社（本社・支社・営業所等各事業所ごと）に設置するものです。

　委員会の委員の半数については、労働者の過半数で組織する労働組合がある場合においてはその労働組合、労働者の過半数で組織する労働組合がない場合においては労働者の過半数を代表する者の推薦に基づき指名されていることが必要です。委員会の議事録が作成保存され、厚生労働省令で定める要件に該当することも必要です。

　なお、労働時間等設定改善委員会は、一定の要件を満たせば、衛生委員会（安全衛生委員会）を同じ機能を持つものとして代用することもできます。

　また、企画業務型裁量労働制もしくは特定高度専門業務・成果型労働制（高度プロフェッショナル制度）における労使委員会での決議があれば、同様に労使協定に代えることができます。みなし労働時間が法定労働時間を超えている場合は、所轄労働基準監督署長への届出が

労働基準法に規定のある労使協定	労使協定の届出	労働時間等設定改善委員会の議決の届出	労使委員会の決議の届出
① 任意貯蓄に関する協定	○	代替不可	代替不可
② 賃金の一部控除に関する協定	×	代替不可	代替不可
③ 1箇月単位の変形労働時間制に関する協定	○	×	×
④ フレックスタイム制に関する協定	○ 清算期間が1箇月以内であるときは、届出不要	×	×
⑤ 1年単位の変形労働時間制に関する協定	○	×	×
⑥ 1週間単位の非定型的変形労働時間制に関する協定	○	×	×
⑦ 一斉休憩の適用除外に関する協定	×	×	×
⑧ 時間外労働及び休日労働に関する協定（36協定）	○	○	○
⑨ 60時間超時間外労働の代替休暇に関する協定	×	×	×
⑩ 事業場外労働に関する協定	○ みなし労働時間が法定労働時間を超えないときは、届出不要	×	×
⑪ 専門業務型裁量労働制に関する協定	○	×	×
⑫ 年次有給休暇の時間単位付与に関する協定	×	×	×
⑬ 年次有給休暇の計画的付与に関する協定	×	×	×
⑭ 年次有給休暇の賃金に関する協定	×	代替不可	×

必要ですが、「時間外労働及び休日労働に関する協定届（36協定届）」に付記する場合以外は、この委員会決議の届出も免除されています。

　参考までに、労働時間等設定改善委員会の議決の届出や労使委員会の決議の届出があれば、労使協定の届出が不要となる他のものについては、前ページの通りです。

23 出社勤務＆リモートワーク ハイブリッドな会社の１日

　「今週１週間は、会社に申請をしてリモートワーク。家族でキャンプだ。キャンプ地に着いて子供たちとテント張り。タープも張って、キッチン？　を作り、暖炉を作る。子供たちは、早々川遊びを楽しんでいる。明日はクライミングか、カヌーに乗って川下り。釣りも楽しみたい。夜は家族でバーベキュー。本当ならビールも飲みたいところだが、今日はまだやらなければいけない仕事もあるので我慢しよう。

　子供が寝静まった頃、パソコンを開けて、さあ仕事の開始だ。会社からは原則深夜労働禁止になっている。しかし日中子供と遊んだ分、仕事を取り返さなければならない。深夜労働は体に良くないのはよく分かっているが、明日の朝も子供たちと早く起きて、カブトムシやクワガタ採りだ。」

　「うちの会社がリモートワーク可能となっているお蔭だ。最近、出社勤務を原則としたリモートワークも可能なハイブリッド型の会社になった。リモートワークにおいての労働時間管理は、事業場外労働による「みなし労働時間制」が採用されている。一日８時間労働とみなされているので、時間外労働手当や深夜労働手当は支給されない。健康管理上のこととして、原則として深夜労働の禁止、休日労働の禁止は言い渡されている。時間管理も健康管理も自分の責任だ。長時間労働にならないように気をつけなければならない。自由があれば、責任

と義務が生じる。当然のことだ。」

　これはリモートワークを導入した会社のある社員の話です。この会社では、申請によりリモートワークを許可しています。リモートワークの場合は、事業場外労働による「みなし労働時間制」を採用しています。1日8時間労働とみなしているので、時間外労働手当や休日労働手当は支払われていません。会社は深夜労働や休日労働は許していませんが、家庭の事情や本人の都合によって、深夜労働や休日労働があるだろうことは認めています。しかし会社は、原則深夜労働や休日労働を禁止している上、会社からの指示は一切していないので、時間外労働手当や休日労働手当の支払いはしていません。

　ノルウェーなどの北欧では「みなし労働時間制」が当たり前になっています。ノルウェーでは、会社員に対して「1週間のうち、一番仕事をしている曜日と時間帯はどこか？」という質問に対し、「日曜日の夜」という答えが多いといいます。日曜日に？　と思うかもしれませんが、土日家族で遊び、夜、家族が寝静まってから明日の仕事の準備をする。このために日曜日の夜、仕事をしている人たちが多いのです。「みなし労働時間制」だからできることです。

　自分の裁量で働ける。自由ほど責任が伴い、義務が生じます。自由であるからこそ、自分で考えて行動しなければならないのです。会社が社員を信頼し、社員本人に任せることができなければ、このような話は夢物語に終わります。あなたの会社は、社員を信頼していますか？

第3章
労働時間管理するが、しないようなリモートワーク
～疑似的「みなし労働時間制」とフレックスタイム制～

I 疑似的事業場外労働による「みなし労働時間制」（自己申告）

1 疑似的事業場外労働による「みなし労働時間制」とは？

　疑似的事業場外労働による「みなし労働時間制」とは、事業場外労働による「みなし労働時間制」を採用せずに、始業終業時刻で時間管理している原則的な労働時間管理を、現状のままで事業場外労働による「みなし労働時間制」のように運用する制度です。

　単純に言えば、1日の就業をいつから始めていつ終わってもいいというものです。始業終業時刻はありつつも、本人の都合により就業を開始し、本人の都合で就業を終了します。つまり本人の裁量に任せるということです。労働時間の記録は、自己申告で行います。

　始業終業時刻を本人の都合に合わせて良いのか？と思われるかもしれませんが、そもそも始業終業を全社員一律にしなければならないという法律や規制はありません。現にシフト制のある会社、例えば製造業などの工場では、始業終業時刻が2通り、3通りあったり、電鉄などでは8通り、10通りもあります。「テレワークの適切な導入及び実施の推進のためのガイドライン」においても、「テレワークでオフィスに集まらない労働者について必ずしも一律の時間に労働する必要がないときには、その日の所定労働時間はそのままとしつつ、始業及び終業の時刻についてテレワークを行う労働者ごとに自由度を認めることも考えられる。」としており、厚生労働省としては珍しく柔軟なこ

とを言っています。

　例えば、所定労働時間が8時間の会社があったとします。ある社員が5：00から7：00と8：00から12：00まで就業（7：00から8：00朝食時間）し、12：00から18：00までは家庭の事情により中抜けしたとします。その後18：00から20：00まで就業すれば、合計8時間労働であり、所定労働時間内です。時間外労働や深夜労働による割増賃金は不要です。もちろん、8時間を超えたり、22：00を超えれば、時間外労働や深夜労働による割増賃金を支払います。ただし、8時間前に就業が終了しても8時間とみなします。この点が会社で許容できるかどうかが大きなポイントです。就業時間が6時間で終わったのであれば、6時間分しか賃金を支払わないという管理方法ではありません。これでは「本人の裁量に任せない」ということですから、この制度の趣旨と反します。労働生産性は社員本人に任せるからこそ発揮できるものです。この点を是非理解してください。第1章の**⑤**「6時間しか働かなくても8時間働いたとみなす制度」で述べた通り、労働時間制度そのものが労働生産性を上げた分だけ得な制度となれば、多くの社員は自ら考えて、労働生産性を上げていくのです。

　労働時間の記録は、自己申告で行いますので、リモートワークをしたその日の労働時間を、その日の翌日など終了後に報告してもらい記録していきます。ここで、時間外労働や深夜労働があったかどうかを確認します。

　労働時間の記録が自己申告だけでも問題ないのか？　よくご質問を受けることですが、問題となるのは会社や上司が「労働者が自己申告できる時間外労働の時間数に上限を設け、上限を超える申告を認めない等、労働者による労働時間の適正な申告を阻害する措置を講じ」ることが問題なのであり、自己申告そのものは労働時間管理の1つとして当然に認められるものです。時間外労働や深夜労働があったにも関わらず会社や上司が暗に申告させないことが問題なのです。労働者の

自己申告だけで労働時間を管理しても問題ない旨は「テレワークの適切な導入及び実施の推進のためのガイドライン」でも明確になっています。そして、自己申告された労働時間の正確性についても「申告された労働時間が実際の労働時間と異なることをこのような事実により使用者が認識していない場合には、当該申告された労働時間に基づき時間外労働時間の上限規制を遵守し、かつ、同労働時間を基に賃金の支払等を行っていれば足りる。」として、会社に責任を求めていません。

【テレワークの適切な導入及び実施の推進のためのガイドライン（令和3年3月25日　公表）】以下、一部抜粋

6　様々な労働時間制度の活用

　(2)　労働時間の柔軟な取扱い

　　ア　通常の労働時間制度及び変形労働時間制

　　　　通常の労働時間制度及び変形労働時間制においては、始業及び終業の時刻や所定労働時間をあらかじめ定める必要があるが、テレワークでオフィスに集まらない労働者について必ずしも一律の時間に労働する必要がないときには、その日の所定労働時間はそのままとしつつ、始業及び終業の時刻についてテレワークを行う労働者ごとに自由度を認めることも考えられる。

　　　　このような場合には、使用者があらかじめ就業規則に定めておくことによって、テレワークを行う際に労働者が始業及び終業の時刻を変更することができるようにすることが可能である。

7　テレワークにおける労働時間管理の工夫

　(2)　テレワークにおける労働時間の把握

　　イ　労働者の自己申告による把握

　　　　テレワークにおいて、情報通信機器を使用していたとしても、その使用時間の記録が労働者の始業及び終業の時刻を反映できないような場合も考えられる。

　このような場合に、労働者の自己申告により労働時間を把握することが考えられるが、その場合、使用者は、

①　労働者に対して労働時間の実態を記録し、適正に自己申告を行うことなどについて十分な説明を行うことや、実際に労働時間を管理する者に対して、自己申告制の適正な運用等について十分な説明を行うこと

②　労働者からの自己申告により把握した労働時間が実際の労働時間と合致しているか否かについて、パソコンの使用状況など客観的な事実と、自己申告された始業・終業時刻との間に著しい乖離があることを把握した場合（※）には、所要の労働時間の補正をすること

③　自己申告できる時間外労働の時間数に上限を設けるなど、労働者による労働時間の適正な申告を阻害する措置を講じてはならないことなどの措置を講ずる必要がある。

　※　例えば、申告された時間以外の時間にメールが送信されている、申告された始業・終業時刻の外で長時間パソコンが起動していた記録がある等の事実がある場合。
　　　なお、申告された労働時間が実際の労働時間と異なることをこのような事実により使用者が認識していない場合には、当該申告された労働時間に基づき時間外労働の上限規制を遵守し、かつ、同労働時間を基に賃金の支払等を行っていれば足りる。

　労働者の自己申告により労働時間を簡便に把握する方法としては、例えば一日の終業時に、始業時刻及び終業時刻をメール等にて報告させるといった方法を用いることが考えられる。

疑似的事業場外労働による「みなし労働時間制」の単位と時間外労働

　疑似的事業場外労働による「みなし労働時間制」は、1日を単位とするだけではなく、週や一定期間、月、年単位で弾力的に設定もできます。ここが、事業場外労働による「みなし労働時間制」とは明らかに相違しています。

　例えば、リモートワーク終了後「8月1日のリモートワークによる業務は、所定労働時間内で終了しました。」ということもあれば、「9月10日から9月15日のリモートワークによる業務は、時間外労働が5時間ありました。」ということもあるかもしれません。1月の賃金は、リモートワーク終了後報告された時間外労働と、出社勤務し行われた時間外労働の分を合計して支払います。深夜労働があれば、その分も支払います。

　もしくは、例えば、あらかじめ「リモートワークを行う場合は、1日について2時間分の時間外労働による割増賃金を支払う」などのように設定することもできます。時間外労働が2時間を超えれば、もちろん超えた分の割増賃金の支払いが必要です。

　遂行する業務が多く、なかなか法定労働時間の8時間や所定労働時間で終わらないということであれば、リモートワーク終了後報告された時間外労働を管理するよりも、「リモートワークを行う場合は、1日について2時間分の時間外労働による割増賃金を支払う」などのようにしたほうが、労働生産性を上げるように思います。2時間分の時間外労働があろうとなかろうと、2時間分の割増賃金が支払われる訳ですから、どうせなら早く終わらせようと考えるはずです。ここでの2時間というのはあくまでも例ですので、実際には業務遂行に必要な時間外労働の時間数を勘案して決定します。

　リモートワークをする日もしない日も、そして何日しようと、極端に言えば、1月まるまるリモートワークで業務を遂行しても良いという、完全に本人の裁量に任せることができるのであれば、例えば、「1月について45時間分の時間外労働による割増賃金を支払う」などのように月や年単位で時間外労働の時間数を設定することも可能です。もちろん、時間外労働が45時間を超えれば、超えた分の割増賃金の支払いは当然に必要です。実際にトヨタ自動車が採用しています。

3 トヨタ自動車が行っている、疑似的事業場外労働による「みなし労働時間制」

　トヨタ自動車は、2017年12月から、疑似的事業場外労働による「みなし労働時間制」を採用しています。リモートワークが前提であり、所定労働時間を守っていれば週に2時間以上出社勤務すれば良い制度です。実際の時間外労働に関係なく1月45時間相当分の時間外労働による割増賃金（月17万円）も支払われています。トヨタ自動車の人事部は、「時間外労働が短くなるほど、社員にメリットが大きくなる制度」と言っています。

　この制度の対象となったのは、当時約7,800人いた事務職や研究開発職に関わる主に30代の係長クラス（主任級）の社員です。非管理職全体に占める割合の実に半数に当たります。新入社員など若手社員は除かれており、全社員が対象の制度ではありません。社員本人がこの制度の適用を申請し、上司と人事部が承認して行っています。

　2017年11月以前から、係長クラス（主任級）の社員には専門業務型裁量労働制等などを採用していましたが、約1,700人にとどまっていました。

　時間外労働による「みなし労働時間制」や専門業務型裁量労働制等

では、みなし労働時間以上に時間外労働が発生したとしても、みなし労働時間以上の割増賃金は支払われません。しかし、トヨタ自動車が採用しているのは、疑似的事業場外労働による「みなし労働時間制」ですので、トヨタ自動車が就労実績を把握確認し、時間外労働がひと月45時間を超えた場合は、超えた分の割増賃金を支払っています。また、長時間労働を防ぐため、健康管理にも配慮しており、時間外労働が一定水準を超えた場合は健康診断を受けさせられます。また、制度の対象となった社員には、もともとある夏季休暇や年末年始などの連休以外にも、平日に5日連続の休暇取得を義務付けています。休暇取得が未達成の場合は、翌年からこの制度の対象から外れます。

　自動車業界は、自動運転などの分野において異業種からの参入が相次いでおり、競争が激しくなってきています。創造性を高め、労働生産性を上げていかなければ生き残ることができません。トヨタ自動車の開発現場では、「一律の労働時間管理をされていたのでは、開発なんかできない！」という声が出ていたそうです。既存の労働時間管理は、既に弊害が出始めており、見直しの時期にきているのです。

 # 労働時間が適用される範囲

　疑似的事業場外労働による「みなし労働時間制」は、あくまでも「疑似的」なものですので、労働時間（労働基準法第4章の労働時間に関する規定の範囲に係る労働時間）の算定などについては、法定通りです。

　ただし、休憩や休日については、第2章の事業場外労働による「みなし労働時間制」の「**9** 休憩・休日についての一考察」などに記載した対応が必要かと思いますので、そちらを参照してください。

就業規則例

　就業規則の規定例は、以下の通りです。第5項の休憩については、「一斉休憩の適用除外の協定書」があることを想定しています。

（在宅勤務等リモートワーク）

第○条　会社は、従業員に対し、業務上の必要性がある場合は、在宅勤務等リモートワークを認めることがある。

2　前項の規定は、次の各号に掲げる従業員のうち、評価基準が○○以上であり、本人からの申し出により、会社が承認した者に限るものとする。

　①　○○部（もしくは○○職、もしくは○○業務を遂行する者など）
　②

3　前項に定める従業員が、労働時間の全部または一部について、在宅勤務等リモートワークで業務に従事した場合においては、1日につき第○条に定める所定労働時間と○時間分の時間外労働をしたものとみなす。

4　前項に定める労働時間を超えて労働した場合においては、会社は、賃金規程の定めるところにより超えた分の所定の手当を支払うものとする。

5　第1項に定める従業員は、第○条（休憩時間）の規定に関わらず、休憩時間を業務遂行の必要に応じ、自らの裁量により具体的な時間配分を決定することができる。

6　第1項に定める従業員が、休日または深夜に労働する場合については、あらかじめ所属長の許可を受けなければならない。

7　前項により、許可を受けて休日または深夜に労働した場合におい

> ては、会社は、賃金規程の定めるところにより所定の手当を支払う
> ものとする。
> 8　第1項の規定は、会社の判断により取り消すことがある。

　ただし、疑似的事業場外労働による「みなし労働時間制」は、あくまでも「疑似的」なものですので、就業規則の変更をしなくても採用することは可能です。一般的な就業規則には、以下の第2項のような記載があるかと思いますので、この規定で対応できます。

> **（所定労働時間）**
> **第○条**　所定労働時間は、実働○時間○分とし、始業・終業の時刻は、
> 　　次の通りとする。
> 　① 　始業時刻：午前○時○分
> 　② 　終業時刻：午後○時○分
> 2　会社は、業務上の必要性がある場合、前項の始業・終業時刻を繰
> 　　り上げ、または繰り下げることがある。

　試験的に運用する場合や一時的な運用だけであれば、この規定で十分ですが、本格的に採用する場合は、やはり根拠として就業規則にきちんと記載していただいたほうが良いかとは思います。

> **（所定労働時間）**
> **1・2は略（上記参照）**
> 3　第1項および前項の規定に関わらず、在宅勤務等リモートワーク
> 　　等を認めた従業員は、自らの裁量により始業時刻および終業時刻を
> 　　決定することができる。

賃金規程例

賃金規程の規定例は、以下のとおりです。

（□□手当）

第○条　就業規則第○条（在宅勤務等リモートワーク）第3項の規定
により、在宅勤務等リモートワークを行った場合は、1日○時間分
の時間外労働をしたものとみなす手当として、□□手当を支給する。

2　前項の□□手当は、次の計算方法により算出した額を支給する。
〔（基本給＋△△手当＋◇◇手当）÷1月の平均所定労働時間〕×
1.25×○時間×日数

3　第1項の○時間を超えて労働した場合は、別途時間外労働手当を
支給する。

Ⅱ　フレックスタイム制

 フレックスタイム制とは？

　フレックスタイム制とは、あらかじめ決めた期間の総労働時間の中で、日々の始業時刻と終業時刻を社員自らが自由に決定することができ、あらかじめ決めた期間を平均し、1週間当たりの労働時間が40時間を超えない範囲内で、1日8時間、1週間40時間の法定労働時間を超えて労働することができる制度です（ここでは1週間44時間とすることができる10人未満の特例事業は考慮していませんので、あらかじめご承知おきください。）。

　一般的にフレックスタイム制は、1日のうち必ず就労すべき時間帯（コアタイム）と、その時間帯の中であればいつ出社または退社してもよい時間帯（フレキシブルタイム）を設けています。コアタイムは必ずしも設ける必要があるものではなく、全部をフレキシブルタイムとすることもできます。会社によっては、これを「フルフレックス」といった言い方をしています。コアタイムは、自由な中でも制約があるものですので、コアタイムについて廃止する方向で見直す会社も増えています。特にリモートワークを導入している会社において、「フルフレックス」が増えています。

　厚生労働省は、「フレックスタイム制の導入によって、労働時間を
効率的に配分することが可能となり、労働生産性の向上が期待できま
す。また、仕事と生活の調和を図りやすい職場となることによって、
労働者に長く職場に定着してもらえるようになるなど、使用者にとっ
てもメリットがあります。」としています。

労働基準法

第32条の３　使用者は、就業規則その他これに準ずるものにより、そ
　の労働者に係る始業及び終業の時刻をその労働者の決定に委ねること
　とした労働者については、当該事業場の労働者の過半数で組織する労
　働組合がある場合においてはその労働組合、労働者の過半数で組織す
　る労働組合がない場合においては労働者の過半数を代表する者との書
　面による協定により、次に掲げる事項を定めたときは、その協定で第
　２号の清算期間として定められた期間を平均し１週間当たりの労働時
　間が第32条第１項の労働時間を超えない範囲内において、同条の規定
　にかかわらず、１週間において同項の労働時間又は１日において同条
　第２項の労働時間を超えて、労働させることができる。
　一　この項の規定による労働時間により労働させることができること
　　とされる労働者の範囲
　二　清算期間（その期間を平均し１週間当たりの労働時間が第32条第
　　１項の労働時間を超えない範囲内において労働させる期間をいい、
　　３箇月以内の期間に限るものとする。以下この条及び次条において
　　同じ。）
　三　清算期間における総労働時間
　四　その他厚生労働省令で定める事項
　2　清算期間が１箇月を超えるものである場合における前項の規定の適
　　用については、同項各号列記以外の部分中「労働時間を超えない」と
　　あるのは「労働時間を超えず、かつ、当該清算期間をその開始の日以
　　後１箇月ごとに区分した各期間（最後に１箇月未満の期間を生じたと

きは、当該期間。以下この項において同じ。）ごとに当該各期間を平均し1週間当たりの労働時間が50時間を超えない」と、「同項」とあるのは「同条第1項」とする。

3　1週間の所定労働日数が5日の労働者について第1項の規定により労働させる場合における同項の規定の適用については、同項各号列記以外の部分（前項の規定により読み替えて適用する場合を含む。）中「第32条第1項の労働時間」とあるのは「第32条第1項の労働時間（当該事業場の労働者の過半数で組織する労働組合がある場合においてはその労働組合、労働者の過半数で組織する労働組合がない場合においては労働者の過半数を代表する者との書面による協定により、労働時間の限度について、当該清算期間における所定労働日数を同条第2項の労働時間に乗じて得た時間とする旨を定めたときは、当該清算期間における日数を7で除して得た数をもつてその時間を除して得た時間）」と、「同項」とあるのは「同条第1項」とする。

4　前条第2項の規定は、第1項各号に掲げる事項を定めた協定について準用する。ただし、清算期間が1箇月以内のものであるときは、この限りでない。第32条の3の2使用者が、清算期間が1箇月を超えるものであるときの当該清算期間中の前条第1項の規定により労働させた期間が当該清算期間より短い労働者について、当該労働させた期間を平均し1週間当たり40時間を超えて労働させた場合においては、その超えた時間（第33条又は第36条第1項の規定により延長し、又は休日に労働させた時間を除く。）の労働については、第37条の規定の例により割増賃金を支払わなければならない。

2 フレックスタイム制における単位と総労働時間

フレックスタイム制は、あらかじめ決めた期間（清算期間といいま

す。）を単位とし、その清算期間内の総労働時間を設定します。清算期間は、3か月以内の期間に限られていますが、「以内」となっているため、単位としては例えば、1週間を単位とすることも理論上は可能です。もちろん、1週間ではフレックスタイム制を採用する意味がありませんが。

　時間外労働となるのは、清算期間における総労働時間を超えた時間です。すなわち、時間外労働であるかどうかは、1日単位では判断せず清算期間を単位として判断します。したがって、36協定についても、1日について延長することができる時間を協定する必要はなく、清算期間を通算して時間外労働をすることができる時間を協定すれば足ります。

　総労働時間の計算方法は、次の通りです。表は、月単位の清算期間における法定上の総労働時間の上限です。会社の総労働時間は、この表の範囲内で決める必要があります。

$$
\text{1週間の法定労働時間40時間} \times \frac{\text{精算期間の暦日数}}{\text{7日}} = \text{清算期間における法定上の総労働時間の上限}
$$

1か月単位		2か月単位		3か月単位	
精算期間の暦日数	法定総労働時間の上限	精算期間の暦日数	法定総労働時間の上限	精算期間の暦日数	法定総労働時間の上限
31日	177.1時間	62日	354.2時間	92日	525.7時間
30日	171.4時間	61日	348.5時間	91日	520.0時間
29日	165.7時間	60日	342.8時間	90日	514.2時間
28日	160.0時間	59日	337.1時間	89日	508.5時間

ただし、完全週休２日制の場合においては、曜日のめぐり合わせ次第で１日８時間相当の労働でも、清算期間における法定上の総労働時間の上限を超えてしまうことがあります。このような場合は、労使協定により、「清算期間における所定労働日数×８時間」で計算した時間数を法定上の総労働時間の上限とすることができます。

　例えば、１か月が31日の月において、完全週休２日制で他に休日がないような場合は、その月の１日が月曜日だと所定労働日数が23日にもなってしまいます。この場合、１か月31日の法定上の総労働時間の上限177.1時間を超えてしまうため、「23日×８時間＝184.0時間」をもって法定上の総労働時間の上限とすることができるということです。

フレックスタイム制における時間外労働

　清算期間が１か月以内の場合は、その期間を平均し１週間当たりの労働時間が40時間を超えない範囲内において就労することができます。超えた時間が、時間外労働です。例えば、清算期間が１か月（31日）の場合は、実際に就労した時間が177.1時間を超えた時間が法定上の時間外労働であり、割増賃金の支払いが発生します。

　清算期間が１か月を超える場合においては、清算期間が１か月以内と同様に、その期間を平均し１週間当たりの労働時間が40時間を超えない範囲内において就労することができますが、加えて１か月ごとの期間を平均し１週間当たりの労働時間が50時間を超えない範囲内においても就労することができます。ここは、清算期間１か月以内の場合とまったく違うところです。

　「１か月ごとの期間を平均し１週間当たりの労働時間が50時間を超えない範囲」となる月間の労働時間数の計算方法は、次のとおりです。

$$50時間 \times \frac{各月の暦日数}{7日} = 「1か月ごとの期間を平均し1週間当たりの労働時間が50時間を超えない範囲」となる月間の労働時間数$$

各月の暦日数	「1か月ごとの期間を平均し1週間当たりの労働時間が50時間を超えない範囲」となる月間の労働時間数
31日	221.4時間
30日	214.2時間
29日	207.1時間
28日	200.0時間

　例えば、清算期間が3か月（92日）の場合は、実際に就労した時間が525.7時間を超えた時間が法定上の時間外労働であり、割増賃金の支払いが発生します。加えて1か月ごとに50時間を超えた時間も時間外労働となり、1か月が31日の月であれば221.4時間を超えた時間がその月の時間外労働であり、割増賃金の支払いが発生します。

　清算期間が1か月を超える場合は、社員自らの各月の時間外労働の時間数を把握しにくくなることから、会社は、各月の時間数の実績を社員に通知することが望ましいでしょう。

　また、清算期間の途中から入社した社員や退職した社員については、精算期間よりも期間が短くなるため、その短い期間で計算し1週間の平均労働時間が40時間を超えている場合は、超えた時間が法定上の時間外労働であり、割増賃金の支払いが必要になります。

労働基準法

第32条の3の2　使用者が、清算期間が1箇月を超えるものであるときの当該清算期間中の前条第1項の規定により労働させた期間が当該清算期間より短い労働者について、当該労働させた期間を平均し1週

間当たり40時間を超えて労働させた場合においては、その超えた時間（第33条又は第36条第１項の規定により延長し、又は休日に労働させた時間を除く。）の労働については、第37条の規定の例により割増賃金を支払わなければならない。

4 清算期間が１か月を超える場合における割増賃金の支払い

　清算期間が１か月を超える場合における時間外労働は、清算期間終了時点で初めて確定します。このため、実際に時間外労働があった場合における割増賃金の支払いは、清算期間終了直後の賃金支払日に支払うことになります。ただし、１か月ごとの期間を平均し１週間当たりの労働時間が50時間を超えた時間外労働があった場合についても割増賃金を支払わなければなりません。

　実際に時間外労働があった場合の手順は以下の通りです。①と②を合計した時間が時間外労働となります（ここでは会社の所定労働時間と法定労働時間が同じ場合で考えています。）。

① 清算期間を１か月ごとに区分した各期間における実労働時間のうち、１か月ごとの期間を平均し１週間当たりの労働時間が50時間を超えない範囲となる月間の労働時間数を超えて労働させた時間。

> 清算期間を１か月ごとに区分した各期間における実労働時間 －
> １か月ごとの期間を平均し１週間当たりの労働時間が50時間を超えない範囲となる月間の労働時間数

　※１ 「清算期間を１か月ごとに区分した各期間」は、清算期間が１か月を超え３か月に満たないと、最後の期間が１か月未満の期間となってしまいます。この場合は、その１か月未満の期間で計算します。

　※２ １か月ごとの期間を平均し１週間当たりの労働時間が50時間を超えな

い範囲となる月間の労働時間数は、「**3**フレックスタイム制における時間外労働」の項にある表を参照してください。

② 清算期間における総実労働時間のうち、清算期間における総労働時間を超えて労働した時間。ただし、①で計算した時間は除きます。

清算期間における総実労働時間 － 清算期間における総労働時間 － ①で計算した時間

※清算期間における総労働時間は、「**2**フレックスタイム制における単位と総労働時間」の項を参照してください。

なお、清算期間を1か月ごとに区分した各期間における実労働時間について、月60時間を超える時間外労働に対しては、5割以上の率で計算した割増賃金の支払いが必要ですので、こちらも忘れないように計算してください。

通　　達

> 変形期間を通じた法定労働時間の総枠を超える労働時間に係る割増賃金については、一般的に変形期間終了時点で初めて確定するものであり、その部分については、変形期間終了直後の賃金支払日に支払えば足りる。
>
> （平成6年5月31日　基発330号　平成9年3月25日　基発195号）

 # フレックスタイム制における休日労働

フレックスタイム制採用のもとで法定上の休日労働（労働基準法に定める「毎週少なくとも1回の休日」等に労働すること）を行った場合、この休日労働の時間は、清算期間における総労働時間や時間外労働とは別の時間として取り扱われます。

時間外労働・休日労働に関する協定（いわゆる36協定）の限度時間（法定休日労働時間を除き、原則として１か月45時間、１年360時間）の考え方とまったく同じです。清算期間における総労働時間や時間外労働の中に、法定の休日労働の時間は含みません。この時間を除いて計算します。もちろん、法定の休日労働ですので、休日労働としての割増賃金率で計算した賃金の支払いは別に必要となってきます。

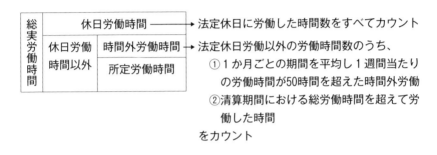

総実労働時間	休日労働時間		→ 法定休日に労働した時間数をすべてカウント
	休日労働時間以外	時間外労働時間	→ 法定休日労働以外の労働時間数のうち、
		所定労働時間	

①１か月ごとの期間を平均し１週間当たりの労働時間が50時間を超えた時間外労働
②清算期間における総労働時間を超えて労働した時間
をカウント

6 実労働時間に過不足が生じた場合

フレックスタイム制採用のもとでは、実労働時間が清算期間における総労働時間と比べて過不足が生じてしまうことがあります。実労働時間が総労働時間より長い場合と短い場合です。この場合は、原則として、賃金支払日にその過不足の時間について精算することが必要です。

しかしながら、例えば、清算期間が１か月の場合で、翌月の清算期間へ繰り越すようなことも考えられます。この場合は、次の点に注意してください。

実労働時間が清算期間における総労働時間より長い場合は、賃金支払日にその過剰分を精算せず、翌月に繰り越すと、労働基準法第24条

の違反になってしまいます。実労働時間分の賃金が支払われなったことになり、賃金支払いの5原則「賃金の全額払いの原則」に違反するからです。したがって、実労働時間が総労働時間より長い場合は、その過剰分はその清算期間内で必ず清算してください。過剰分は繰り越せません。

労働基準法

第24条　賃金は、通貨で、直接労働者に、その全額を支払わなければならない。ただし、法令若しくは労働協約に別段の定めがある場合又は厚生労働省令で定める賃金について確実な支払の方法で厚生労働省令で定めるものによる場合においては、通貨以外のもので支払い、また、法令に別段の定めがある場合又は当該事業場の労働者の過半数で組織する労働組合があるときはその労働組合、労働者の過半数で組織する労働組合がないときは労働者の過半数を代表する者との書面による協定がある場合においては、賃金の一部を控除して支払うことができる。

　実労働時間が総労働時間より短い場合は、賃金支払日にその不足分を精算せず、翌月に繰り越すことは可能です。労働基準法第24条には違反しません。翌月の労働時間分を先払いしたことになり、社員の不利益とはならないからです。ただし、不足分を翌月に繰り越すことにより翌月の総労働時間が法定労働時間を超えてしまうことがあります。この場合は、当然に割増賃金の支払いが発生してしまいます。気をつけてください。

　このため、過不足については、できる限り毎月の賃金支払日に精算することが望ましいでしょう。もしも清算期間における労働時間の不足分を翌月に繰り越す場合は、清算期間を平均し1週間当たりの労働時間が40時間を超えない時間を上限として翌月に繰り越すことができ

るものと限定してはどうでしょうか。繰り越すことができない時間は、やはり毎月の賃金支払日に精算するようにします。

　過剰分は毎月の賃金支払日に精算するにしても、労働生産性を考えれば、私は不足分について、精算しないというのも考えるべきだとは思っています。リモートワークを導入したから労働生産性が上げられる訳ではありません。社員の自主性を重んじ、社員本人に任せれば労働生産性は上がるのです。「総労働時間内に仕事を終わらせるためにはどうしたら良いか？」ということを社員本人が自ら考えてもらうのです。繰り返し繰り返ししつこいですが、労働時間制度そのものが労働生産性を上げた分だけ得な制度となれば、多くの社員は自ら考えて、労働生産性を上げていくのです。企業が命令してやらせるのではなく、社員の自主性を重んじ、社員本人に任せることこそが大事なのです。「社員に任せる」そうすれば、社員自らが考え行動するのです。

通　達

　フレックスタイム制において、実際に労働した時間が清算期間における総労働時間として定められた時間に比べて過不足が生じた場合には、当該清算期間内で労働時間及び賃金を清算することがフレックスタイム制の本来の趣旨であると考えるが、それを次の清算期間に繰り越すことの可否については次によるものであること。

① 　清算期間における実際の労働時間に過剰があった場合に、総労働時間として定められた時間分はその期間の賃金支払日に支払うが、それを超えて労働した時間分を次の清算期間中の総労働時間の一部に充当することは、その清算期間内における労働の対価の一部がその期間の賃金支払日に支払われないことになり、法第24条に違反し、許されないものであること。

② 　清算期間における実際の労働時間に不足があった場合に、総労働時間として定められた時間分の賃金はその期間の賃金支払う

118

> が、それに達しない時間分を、次の清算期間中の総労働時間に上積み
> して労働させることは、法定労働時間の総枠の範囲内である限り、そ
> の清算期間においては実際の労働時間に対する賃金よりも多く賃金を
> 支払い、次の清算期間でその分の賃金の過払を清算するものと考えら
> れ、法第24条に違反するものではないこと。

（昭和63年３月14日　基発150号）

7　労働時間が適用される範囲

　フレックスタイム制は、日々の始業時刻と終業時刻を社員自らが自
由に決定することができる制度ですが、労働時間（労働基準法第４章
の労働時間に関する規定の範囲に係る労働時間）の算定などについて
は、法定通りです。休憩や休日、時間外労働や休日労働させるための
届出（いわゆる36協定届）、割増賃金の支払い、年次有給休暇等は当
然に適用されます。

　労働時間の把握も当然に必要です。社員の各日の労働時間の把握を
きちんと行ってください。もちろん、健康を確保する観点から「労働
時間状況の把握」も必要です。フレックスタイム制だからといって、
会社や上司は労働時間管理しなくてもよいという訳にはいきません。

通　　達

> フレックスタイム制の場合にも、使用者に労働時間の把握の義務があ
> る。したがって、フレックスタイム制を採用する事業場においても、各
> 労働者の各日の労働時間の把握をきちんと行なうべきものである。

（昭和63年３月14日　基発第150号）

例えば、休憩時間も８時間以内の場合は、少なくとも45分与えなければならならず、フレックスタイム制であっても８時間を超える場合においては、少なくとも１時間、労働時間の途中に与えなければなりません。また、この休憩時間は、一斉に付与しなければなりません。リモートワークを導入し、フレックスタイム制を採用したとしても、やはり「好きな時間に勝手に休憩を取れ」ということは原則できません。リモートワーク中であっても、フレックスタイム制を採用していても、休憩時間帯は、会社の休憩時間と合わせる必要があります。

　しかし、これでは「柔軟な働き方」ができません。できれば、あらかじめ「一斉休憩の適用除外に関する労使協定書」を締結し、一斉付与の例外としておくほうが良いでしょう。この点については、事業場外労働による「みなし労働時間制」の「**9**休憩・休日についての一考察」などに記載した対応が必要かと思いますので、そちらを参照してください。

フレックスタイム制におけるありがちな間違い

　フレックスタイム制を採用した場合においては、朝礼や会議、残業の指示に注意が必要です。コアタイム以外の時間帯で朝礼や会議時間を設定したり、「今日、残業してくれ」等の指示をすることはできません。朝礼をする場合や会議時間を設定する場合等は、コアタイム内で時間設定することが必要です。

　フレックスタイム制は、「始業及び終業の時刻をその労働者の決定に委ねる」ことが必要ですが、朝礼や会議時間をコアタイム以外の時間帯で設定したり、「今日、残業してくれ」等の指示をすれば「決定に委ね」ていないことになるからです。残業が必要な業務は、「今週中に、この仕事を終わらせておいてくれ」と期限を指定しての業務命

令は可能ですが、「今日」等の指示をすると、終わるまで帰ることができなくなり、つまり「終業の時刻をその労働者の決定に委ね」ていないことになるからです。

　始業時刻が決められていて、終業時刻のみ社員の決定に委ねるもの、逆に始業時刻のみ社員の決定に委ね、終業時刻が決められているもの、またはフレキシブルタイムが極端に短い場合などはフレックスタイム制には当たりませんので、注意してください。

　では、コアタイム以外の時間帯で会議等の設定はできないのでしょうか？　コアタイム以外の時間帯で会議の時間を設定するにはどうしたら良いでしょうか？　「始業及び終業の時刻をその労働者の決定に委ねる」のであれば、事前に社員の始業や終業時刻の予定を聞くことは構いません。例えば、「明日は何時頃に出社の予定ですか？」とか「今週の予定を教えてもらえますか？」等です。事前に予定を聞き、会議出席者が全員出席できそうな時間帯について同意を得た上で、会議の時間を設定します。これであればコアタイム以外の時間帯で会議の設定が可能です。ただし、「すみません。今日は予定より早く帰りますので、会議に出席できません。」と言われても、「何言ってんだ！　事前に会議の時間を知らせておいただろう。出席するように！」とは言えません。あくまでも「労働者の決定に委ねる」必要があり、事前に聞いた「予定」はあくまでも「予定」だからです。そう考えると、「フルフレックス」の会社は会議どうしているのでしょうかね。

9　コアタイムとフレキシブルタイム

　フレックスタイム制を採用し、コアタイムやフレキシブルタイムを設けるかどうかは会社の任意であって、必ずしも設ける必要はありません。リモートワークを導入している会社においては、「フルフレッ

クス」、つまりコアタイムのない会社も増えています。

　リモートワークを導入した場合、コアタイムやフレキシブルタイムがあると、「柔軟な働き方」にはならないかもしれません。フレックスタイム制を採用すると日本ではコアタイムやフレキシブルタイムがあるか、まったくなくフルフレックスかの両極端しかありませんが、もっとフレキシブルに柔軟に、コアタイムやフレキシブルタイムがあったり、なかったりと考えてみてはどうでしょうか？

　例えば、リアルにオフィスに出勤する日はコアタイムやフレキシブルタイムがあり、リモートワークを行う日は、コアタイムやフレキシブルタイムなし、こんな制度設計も本来は可能です。リモートワークを行うにあたっては、何事もフレキシブルに、そして柔軟に考えてみてください。この点「テレワークの適切な導入及び実施の推進のためのガイドライン」でも明記されており、厚生労働省としてはここでも珍しく柔軟なことを言っています。

　管理するための制度設計ではなく、社員が働きやすい職場環境を作っていくこと、そして１人ひとりの労働生産性、パフォーマンスを上げていくこと、ここを主眼に制度設計して欲しいと思います。

【テレワークの適切な導入及び実施の推進のためのガイドライン（令和３年３月25日　公表）】以下、一部抜粋

　6　様々な労働時間制度の活用

　　(2)　労働時間の柔軟な取扱い

　　　イ　フレックスタイム制

　　　　フレックスタイム制は、労働者が始業及び終業の時刻を決定することができる制度であり、テレワークになじみやすい制度である。特に、テレワークには、働く場所の柔軟な活用を可能とすることにより、例えば、次のように、労働者にとって仕事と生活の調和を図ることが可能となるといったメリットがあるものであ

り、フレックスタイム制を活用することによって、労働者の仕事と生活の調和に最大限資することが可能となる。

- 在宅勤務の場合に、労働者の生活サイクルに合わせて、始業及び終業の時刻を柔軟に調整することや、オフィス勤務の日は労働時間を長く、一方で在宅勤務の日は労働時間を短くして家庭生活に充てる時間を増やすといった運用が可能
- 一定程度労働者が業務から離れる中抜け時間についても、労働者自らの判断により、その時間分その日の終業時刻を遅くしたり、清算期間の範囲内で他の労働日において労働時間を調整したりすることが可能
- テレワークを行う日についてはコアタイム（労働者が労働しなければならない時間帯）を設けず、オフィスへの出勤を求める必要がある日・時間についてはコアタイムを設けておくなど、企業の実情に応じた柔軟な取扱いも可能

10　フレックスタイム制における手続き

　フレックスタイム制を採用する場合は、就業規則等への記載と労使協定を締結する必要があります。就業規則には始業および終業の時刻を社員の決定に委ねる旨を規定します。そして労使協定は、労働基準法施行規則様式第3号の3（清算期間が1箇月を超えるフレックスタイム制に関する協定届）によって所轄の労働基準監督署に届け出なければなりません。ただし、清算期間が1か月以内の場合は届け出る必要はありません。清算期間が1か月を超える場合に届け出が必要となってきます。なお、この労使協定は、労働時間等設定改善委員会が設置されている場合においては、その委員の5分の4以上の多数によ

る議決があれば、労使協定に代えることができます。また、労使委員会での決議があれば、同様に労使協定に代えることができます。詳しくは、事業場外労働による「みなし労働時間制」の「労使協定に代わる委員会決議」を参照してください。

　フレックスタイム制の労使協定では、次の①から⑦について定めることが必要です。

① 　フレックスタイム制により労働させることができることとされる労働者の範囲
② 　清算期間（３か月以内の期間に限る）
③ 　清算期間における総労働時間
④ 　標準となる１日の労働時間
⑤ 　コアタイムを設ける場合には、その時間帯の開始および終了の時刻
⑥ 　フレキシブルタイムを設ける場合には、その時間帯の開始および終了の時刻
⑦ 　清算期間が１か月を超えるものである場合にあっては、労使協定の有効期間

　④の標準となる１日の労働時間とは、年次有給休暇などを取得した際に支払われる賃金の算定基礎となるものです。清算期間における総労働時間を、期間中の所定労働日数で割った時間を基準として定めます。

　⑤のコアタイムは、先述の通り設けるかどうかは会社の任意であって、必ずしも設ける必要はありません。リモートワークを導入している会社においては、「フルフレックス」、つまりコアタイムのない会社も増えています。

　⑥のフレキシブルタイムも、設けるかどうかは会社の任意であって、必ずしも設ける必要はありませんが、深夜の時間帯ばかりに就労するということも可能となってしまいますので、健康上のためにも深夜の

時間帯を除いた時間帯で設定するのが望ましいでしょう。

　⑦の有効期間は、清算期間が１か月以内のフレックスタイム制の場合は、有効期間について特に定める必要はありませんが、清算期間が１か月を超える場合は、必要になります。ただし、労働協約により定めた場合は、有効期間を定める必要はありません。

　そのほか、清算期間の起算日を明らかにすることが必要です。

労働基準法施行規則

第12条の３　法第32条の３第１項（同条第２項及び第３項の規定により読み替えて適用する場合を含む。以下この条において同じ。）第４号の厚生労働省令で定める事項は、次に掲げるものとする。

一　標準となる一日の労働時間

二　労働者が労働しなければならない時間帯を定める場合には、その時間帯の開始及び終了の時刻

三　労働者がその選択により労働することができる時間帯に制限を設ける場合には、その時間帯の開始及び終了の時刻

四　法第32条の３第１項第２号の清算期間が１箇月を超えるものである場合にあっては、同項の協定（労働協約による場合を除き、労使委員会の決議及び労働時間等設定改善委員会の決議を含む。）の有効期間の定め

２　法第32条の３第４項において準用する法第32条の２第２項の規定による届出は、様式第３号の３により、所轄労働基準監督署長にしなければならない。

11 就業規則例

就業規則の記載例は、以下の通りです。

第○条 第○条（所定労働時間）の規定にかかわらず、会社は、労働
　基準法第32条の３に基づき、労使協定を締結し、従業員にフレック
　スタイム制を適用することがある。
2　前項によりフレックスタイム制を適用される従業員に対しては、
　始業及び終業時刻を従業員の決定に委ねるものとする。
3　フレックスタイム制に関する他の項目は、締結した労使協定を就
　業規則の一部として当該協定に定める内容による。

12 労使協定例

　労使協定の記載例は、以下のとおりです。第10条の休憩については、
「一斉休憩の適用除外の協定書」があることを想定しています。

【清算期間における労働時間の過不足をその都度清算する場合】

フレックスタイム制に関する協定書

　○○株式会社と○○労働組合は、労働基準法第32条の３の規定に基
づき、フレックスタイム制に関し、次の通り協定する。

（対象従業員）

第1条　本協定は、次の各号に掲げる従業員（以下「対象従業員」という。）に適用する。

①　○○部（もしくは○○職、○○以上の管理職）

（清算期間）

第2条　労働時間の清算期間は、毎月○日から翌月○日までの1カ月とする。

（清算期間における総労働時間）

第3条　清算期間における総労働時間は、清算期間中の所定労働日数に標準となる1日の労働時間を乗じた時間とする。

（標準となる1日の労働時間）

第4条　標準となる1日の労働時間は、1日8時間とする。なお、就業規則第○条（年次有給休暇）および第○条（特別休暇）の有給休暇を取得した場合には、標準となる1日の労働時間労働したものとみなす。

（コアタイム）

第5条　コアタイムとは、対象従業員が必ず労働しなければならない時間帯のことをいう。コアタイムは、午前○時から午後○時とし、休憩時間は、就業規則第○条（休憩）に定めるところ（正午から午後1時まで）とする。

2　就業規則第○条（遅刻・早退）及び就業規則第○条（欠勤）に関する規定は、コアタイムについてこれを適用する。

（フレキシブルタイム）

第6条　フレキシブルタイムとは、対象従業員がその選択により労働することができる時間帯のことをいう。フレキシブルタイムは、次の通りとする。

①　始業時刻帯：午前○時00分から午前○時00分まで

②　終業時刻帯：午後○時00分から午後○時00分まで

（コアタイム及びフレキシブルタイムの適用除外）

第7条　第5条及び前条の規定は、在宅勤務等リモートワーク等を認めた従業員については適用しない。ただし、深夜（午後10時00分から午前5時00分まで。以下同じ。）に労働する場合は、あらかじめ所属長の許可を受けなければならない。

（勤務予定表の提出）

第8条　対象従業員は、毎週○曜日の○時までに、翌週の勤務予定表を所属長に提出しなければならない。

（第6条に定める時間帯の前後に労働した場合の取り扱い）

第9条　対象従業員が、第6条に定める時間帯の前後に労働する場合は、あらかじめ所属長の許可を受けなければならない。

2　所属長の許可を受けて深夜に労働した場合は、賃金規定第○条の定めるところにより深夜勤務手当を支払う。

（清算期間における労働時間に過剰があった場合の取り扱い）

第10条　一清算期間における総労働時間が、第3条に定める総労働時間を超えて労働した場合は、超えて労働した時間に対して賃金規定第○条の定めるところにより時間外勤務手当を支払う。

（清算期間における労働時間に不足があった場合の取り扱い）

第11条　一清算期間における総労働時間が、第3条に定める総労働時間に満たない場合は、賃金規定第○条の定めるところにより賃金を控除する。

（休憩時間）

第12条　休憩時間については、就業規則第○条（休憩時間）の規定にかかわらず、休憩時間を業務遂行の必要に応じ、自らの裁量により具体的な時間配分を決定することができる。

（休日労働）

第13条　就業規則第○条（休日）に定める休日に労働する場合は、あらかじめ所属長の許可を受けなければならない。

2　所属長の許可を受けて休日に労働した場合は、フレックスタイム

制を適用しないものとし、実労働時間に対して賃金規定第〇条の定めるところにより休日勤務手当を支払う。

（フレックスタイム制の解除）

第14条　会社は、業務の都合により、本協定によるフレックスタイム制の適用を解除し、対象従業員に対し、就業規則第〇条（所定労働時間）の規定による通常勤務を命じることができる。

（有効期間）

第15条　本協定の有効期間は、令和〇年〇月１日から令和〇年〇月31日までの１年とする。

令和〇年〇月１日

　　　　　　　　　　　　　〇〇株式会社　代表取締役　〇〇〇〇

　　　　　　　　　　　　　従業員代表　　　　　　　　〇〇〇〇

　下記は、実労働時間に清算期間における総労働時間との過不足が生じ、繰り越す場合の協定例です。ただし、この労使協定の例でも、１清算期間を平均し、１週間当たりの労働時間が１週間の法定労働時間を超えない時間を上限として翌月に繰り越すことができるものと限定しています。繰り越すことができない時間は、やはり毎月の賃金支払日に精算するように規定しています。

【清算期間における労働時間の不足を翌月に繰り越す場合】

フレックスタイム制に関する協定書（一部抜粋）

（清算期間における労働時間に過剰があった場合の取り扱い）

第10条　１清算期間における総労働時間が、第３条に定める総労働時間を超えて労働した場合は、超えて労働した時間に対して賃金規定

第○条の定めるところにより時間外勤務手当を支払う。

（清算期間における労働時間に不足があった場合の取り扱い）

第11条　1清算期間における総労働時間が、第3条に定める総労働時間に満たない場合は、1清算期間を平均し、1週間当たりの労働時間が1週間の法定労働時間を超えない時間を上限として（もしくは、単純に「○時間を上限として」）翌月に繰り越すことができる。

2　前項において繰り越すことができない時間は、賃金規定第○条の定めるところにより賃金を控除する。

【様式第3号の3　（清算期間が1箇月を超えるフレックスタイム制に関する協定届）】

様式第3号の3（第12条の3第2項関係）

清算期間が1箇月を超えるフレックスタイム制に関する協定届

事業の種類	事業の名称	事業の所在地（電話番号）	常時雇用する労働者数	協定の有効期間
建築事業	○○株式会社	（〒　－　　　） ～ （電話番号：　－　　　－　　　）	150	令和○年○月○日 から1年間

業務の種類	該当労働者数	清算期間（起算日）	清算期間における総労働時間
総務 営業	15 10	3箇月 4月1日、7月1日、10月1日、1月1日	7時間30分×所定労働日数

標準となる1日の労働時間	コアタイム	フレキシブルタイム
7時間30分	午前11時～午後3時	午前6時～午前10時 午後3時～午後8時

協定の成立年月日　　令和 ○ 年　○ 月　○ 日

協定の当事者である労働組合（事業場の労働者の過半数で組織する労働組合）の名称又は労働者の過半数を代表する者の　職名　○○株式会社　営業部営業1課係長　氏名　○○

協定の当事者（労働者の過半数を代表する者の場合）の選出方法（投票による選挙）

令和 ○ 年　○ 月　○ 日

使用者　職名　○○株式会社　代表取締役　氏名　○○　㊞

○○　労働基準監督署長殿

記載心得
1　「清算期間（起算日）」の欄には、当該労働時間における時間通算の期間の単位を記入し、その起算日を（　　）内に記入すること。
2　「清算期間」（起算日）の欄には、当該労働時間制の清算期間の長さを記入し、労働契約上労働者が労働すべき時間を記入すること。
3　「標準となる1日の労働時間」の欄には、当該労働時間制において、年次有給休暇を取得した際に支払われる賃金の算定基礎となる労働時間の長さを記入すること。
4　「コアタイム」の欄には、労働基準法施行規則第12条の3第1項第2号の労働者が労働しなければならない時間帯の定めをする場合に、その時間帯の開始及び終了の時刻を記入すること。
5　「フレキシブルタイム」の欄には、労働基準法施行規則第12条の3第1項第3号の労働者がその選択により労働することができる時間帯に制限を設ける場合に、その時間帯の開始及び終了の時刻を記入すること。

第4章
労働時間管理しないような
リモートワーク
～「みなし労働時間制」とは
別の裁量労働制～

事業場外労働による「みなし労働時間制」の歴史

　事業場外労働による「みなし労働時間制」を専門業務型裁量労働制や企画業務型裁量労働制と同等に扱う本をよく目にしますが、事業場外労働による「みなし労働時間制」は、他の裁量労働制の規定と明らかに相違しています。事業場外労働による「みなし労働時間制」は、労働基準法施行当初から存在していた規定ですが、専門業務型裁量労働制や企画業務型裁量労働制は当初存在していませんでした。

　官報（号外）昭和22年8月30日には、以下のように規定されていました。

厚生省令第23号

労働基準法施行規則を次のように定める。

昭和22年8月30日　厚生大臣　一松定吉

労働基準法施行規則

第1条　労働基準法（以下法という。）第8条第17号の事業又は事務所は、次に揚げるものとする。（以下略）

第22条　労働者が出張その他事業場外で、労働時間を算定し難い場合には、通常の労働時間労働したものとみなす。但し、使用者が予め別段の指示をした場合は、この限りではない。

第23条　（以下略）

　ただし、当初は、労働基準法施行規則上にあり、労働基準法上に規定されたのは昭和62年法律第99号（昭和62年9月26日公布　昭和63年4月1日施行）からです。このとき、「業務を遂行するためには通常

所定労働時間を超えて労働することが必要となる場合においては、業務の遂行に通常必要とされる時間労働したものとみなす。」もしくは、「労使協定で定める時間を業務の遂行に通常必要とされる時間とする。」と新たに規定しました。

　この事業場外労働による「みなし労働時間制」の規定は、当初労働基準法上に記載がない根拠なき規定ですが、施行当時も、またその後も国会や審議会等において問題として取り上げられたことはなく、通達やガイドライン等により補完しながら現在に至っています。

労働基準法施行規則の改正

附　則　（昭和62年12月16日労働省令第31号）

（施行期日）

第1条　この省令は、昭和63年4月1日から施行する。

法律第99号（昭和62年9月26日）

〇労働基準法の一部を改正する法律（一部抜粋）

　労働基準法（昭和22年法律第四十九号）の一部を次のように改正する。

第38条の次に次の一条を加える。

第38条の2　労働者が労働時間の全部又は一部について事業場外で業務に従事した場合において、労働時間を算定し難いときは、所定労働時間労働したものとみなす。ただし、当該業務を遂行するためには通常所定労働時間を超えて労働することが必要となる場合においては、当該業務に関しては、命令で定めるところにより、当該業務の遂行に通常必要とされる時間労働したものとみなす。

　　前項ただし書の場合において、当該業務に関し、当該事業場に、労働者の過半数で組織する労働組合があるときはその労働組合、労働者の過半数で組織する労働組合がないときは労働者の過半数を代

表する者との書面による協定があるときは、その協定で定める時間を同項ただし書の当該業務の遂行に通常必要とされる時間とする。

使用者は、命令で定めるところにより、前項の協定を行政官庁に届け出なければならない。

使用者が、当該事業場に、労働者の過半数で組織する労働組合があるときはその労働組合、労働者の過半数で組織する労働組合がないときは労働者の過半数を代表する者との書面による協定により、研究開発の業務その他の業務（当該業務の性質上その遂行の方法を大幅に当該業務に従事する労働者の裁量にゆだねる必要があるため、当該業務の遂行の手段及び時間配分の決定等に関し具体的な指示をしないこととするものとして当該協定で定める業務に限る。）に従事する労働者の労働時間の算定については当該協定で定めるところによることとする旨を定めた場合において、労働者を当該業務に就かせたときは、当該労働者は、命令で定めるところにより、その協定で定める時間労働したものとみなす。

第3項の規定は、前項の協定について準用する。

この昭和62年法律第99号（昭和62年9月26日公布　昭和63年4月1日施行）の改正では、同時に裁量労働制が新たに規定され、裁量労働制は「労使協定により、研究開発の業務その他の業務（当該業務の性質上その遂行の方法を大幅に当該業務に従事する労働者の裁量に委ねる必要があるため、当該業務の遂行の時間配分の決定等に関し具体的な指示をしないこととするものに限る。）に従事する労働者の労働時間の算定については当該協定に定めるところによることとする旨を定めた場合には、当該労働者は、命令で定めるところにより、その協定で定める時間労働したものとみなすこととするものであること。なお、使用者は、命令で定めるところにより、労使協定を行政官庁に届け出なければならないこととするものであること」としています。

　厚生労働省を始め一般的に「みなし労働時間制」というと、事業場外労働による「みなし労働時間制」のほかに、裁量労働制（専門業務型裁量労働制および企画業務型裁量労働制）を含めひとくくりに論じられていますが、事業場外労働による「みなし労働時間制」が「使用者の指揮監督が及ばず、労働時間の算定が困難な業務」であるのに対して、裁量労働制（専門業務型裁量労働制及び企画業務型裁量労働制）は「業務の性質上その業務の具体的な遂行については労働者の裁量に委ねる必要があるため、使用者の具体的な指揮監督になじまず、通常の方法による労働時間の算定が適切でない業務」であり、「指揮監督が及ばない」ものと「指揮監督になじまない」ものと意味合いがまったく違っています。

　さらに、事業場外労働による「みなし労働時間制」は必ずしも労使協定を締結しなければならないとはしていませんが、裁量労働制（専門業務型裁量労働制および企画業務型裁量労働制）は、書面による労使協定が必要であり、またこの労使協定は行政官庁への届出も必要となっています。労使協定は、労働組合等による明確にされた意思に基づく同意を要件とすることにより、労働時間規制に対する労働者の自覚を促進させるためのものであり、もって労働時間規制を強化し、労働者保護の意味が強いものです。

　明らかに、両者は相違するものであり、両者をひとくくりに「みなし労働時間制」として論ずるべきものではなく、制度の基本的な考え方に相違があり、まったく別なものと考えるべきです。

I　企画業務型裁量労働制

1　企画業務型裁量労働制とは？

　企画業務型裁量労働制は、「事業の運営に関する事項についての企画・立案・調査・分析の業務であって、業務の性質上その業務遂行の方法を大幅に社員の裁量にゆだねる必要があるため、業務の遂行の手段と時間配分の決定等に関し会社が具体的な指示をしないこととする業務」に従事し、本人の同意があれば、労働時間を実労働時間でみるのではなく、労使委員会で決議した時間数をもって労働時間とみなすことができる制度です。実際に業務に従事した実労働時間とは直接的には関係がなくなり、あらかじめ決議した時間数をもって労働基準法上の労働時間とします。

　事業場外労働による「みなし労働時間制」との違いは、何よりもリモートワークと関係なく導入することができ、業務が「事業の企画・立案・調査・分析に携わる業務」に限定されていることです。また、通常の方法による労働時間の算定が「困難な業務」ではなく、適切でないと考えられる業務であり、業務の性質上その遂行方法を大幅に社員の裁量にゆだねる必要があるということも違います。このため業務を遂行するための知識や、3年から5年以上の職務経験を有する必要があります。そして、本人の同意が必要という点も違っています。

　さらに、企画業務型裁量労働制は、事業場外労働による「みなし労

働時間制」とは違い、1日を単位として設定することができず、決議の有効期間を単位として設定します。

	事業場外労働による「みなし労働時間制」	企画業務型裁量労働制
採用の判断	会社の判断	労使委員会の決議による
リモートワーク	リモートワークのときのみ適用	出社勤務でも適用が可能
労働時間の算定	困難な業務	算定は可能だが、適切でないと考えられる業務
業務	業務内容に制限なし	「事業の企画・立案・調査・分析に携わる業務」のみ
業務を遂行するための知識と職務経験年数	規制なし	業務を遂行するための知識・3年から5年以上の職務経験を有する必要あり
本人の同意	必要なし	必要あり
単位	1日単位	決議の有効期間内

　企画業務型裁量労働制は、平成12年4月より施行され、平成16年1月1日よりこの制度がより有効に機能するよう導入や運用についての要件や手続が緩和されました。しかしながら、要件や手続きが緩和されたにも関わらず、それほど導入が進んでいないのが現状です。

　厚生労働省のホームページでも企画業務型裁量労働制の解説に「経済社会の構造変化や労働者の就業意識の変化等が進む中で、活力ある経済社会を実現していくために、事業活動の中枢にある労働者が創造

的な能力を十分に発揮し得る環境づくりが必要となっています。労働者の側にも、自らの知識、技術や創造的な能力をいかし、仕事の進め方や時間配分に関し主体性をもって働きたいという意識が高まっています。（略）

　関係労使におかれては、本制度の趣旨及び内容を理解され、創造性豊かな人材が、その能力を存分に発揮しうるよう自律的で自由度の高いフレキシブルな働き方の実現に向け、労働時間管理のあり方を見直し、本制度の導入について御検討ください。」とあります。

　企画業務型裁量労働制は、事業場外労働による「みなし労働時間制」とは、明らかに相違しているものですが、リモートワークにも適用でき、労働生産性を上げるための「柔軟な働き方」をサポートするための制度になり得る制度です。リモートワークと出社勤務を融合したハイブリッド型には適しています。社員の自主性を重んじ、仕事の進め方を社員本人の裁量に任せることができる点は、事業場外労働による「みなし労働時間制」と同様です。

労働基準法

第38条の4　賃金、労働時間その他の当該事業場における労働条件に関する事項を調査審議し、事業主に対し当該事項について意見を述べることを目的とする委員会（使用者及び当該事業場の労働者を代表する者を構成員とするものに限る。）が設置された事業場において、当該委員会がその委員の5分の4以上の多数による議決により次に掲げる事項に関する決議をし、かつ、使用者が、厚生労働省令で定めるところにより当該決議を行政官庁に届け出た場合において、第2号に掲げる労働者の範囲に属する労働者を当該事業場における第1号に掲げる業務に就かせたときは、当該労働者は、厚生労働省令で定めるところにより、第3号に掲げる時間労働したものとみなす。
一　事業の運営に関する事項についての企画、立案、調査及び分析の

　業務であって、当該業務の性質上これを適切に遂行するにはその遂行の方法を大幅に労働者の裁量にゆだねる必要があるため、当該業務の遂行の手段及び時間配分の決定等に関し使用者が具体的な指示をしないこととする業務（以下この条において「対象業務」）

二　対象業務を適切に遂行するための知識、経験等を有する労働者であって、当該対象業務に就かせたときは当該決議で定める時間労働したものとみなされることとなるものの範囲

三　対象業務に従事する前号に掲げる労働者の範囲に属する労働者の労働時間として算定される時間

四　対象業務に従事する第2号に掲げる労働者の範囲に属する労働者の労働時間の状況に応じた当該労働者の健康及び福祉を確保するための措置を当該決議で定めるところにより使用者が講ずること。

五　対象業務に従事する第2号に掲げる労働者の範囲に属する労働者からの苦情の処理に関する措置を当該決議で定めるところにより使用者が講ずること。

六　使用者は、この項の規定により第2号に掲げる労働者の範囲に属する労働者を対象業務に就かせたときは第3号に掲げる時間労働したものとみなすことについて当該労働者の同意を得なければならないこと及び当該同意をしなかった当該労働者に対して解雇その他不利益な取扱いをしてはならないこと。

七　前各号に掲げるもののほか、厚生労働省令で定める事項

2　前項の委員会は、次の各号に適合するものでなければならない。

一　当該委員会の委員の半数については、当該事業場に、労働者の過半数で組織する労働組合がある場合においてはその労働組合、労働者の過半数で組織する労働組合がない場合においては労働者の過半数を代表する者に厚生労働省令で定めるところにより任期を定めて指名されていること。

二　当該委員会の議事について、厚生労働省令で定めるところにより、議事録が作成され、かつ、保存されるとともに、当該事業場の労働

者に対する周知が図られていること。

　三　前2号に掲げるもののほか、厚生労働省令で定める要件

3　厚生労働大臣は、対象業務に従事する労働者の適正な労働条件の確保を図るために、労働政策審議会の意見を聴いて、第一項各号に掲げる事項その他同項の委員会が決議する事項について指針を定め、これを公表するものとする。

4　第1項の規定による届出をした使用者は、厚生労働省令で定めるところにより、定期的に、同項第4号に規定する措置の実施状況を行政官庁に報告しなければならない。

【テレワークの適切な導入及び実施の推進のためのガイドライン（令和3年3月25日公表）】以下、一部抜粋

(3)　業務の性質等に基づく労働時間制度

　　裁量労働制及び高度プロフェッショナル制度は、業務遂行の方法、時間等について労働者の自由な選択に委ねることを可能とする制度である。これらの制度の対象労働者について、テレワークの実施を認めていくことにより、労働する場所についても労働者の自由な選択に委ねていくことが考えられる。

企画業務型裁量労働制における時間外労働

　企画業務型裁量労働制は、あらかじめ定められた時間数をもって労働基準法上の労働時間とみなしてしまいますので、実際に業務に従事した実労働時間とは直接的には関係がなくなり、あらかじめ定められた時間数と実労働時間数とが違っていても、あらかじめ定められた時間数以外の時間を労働時間とはしません。よって、あらかじめ定められた時間数が、会社の所定労働時間内であれば、時間外労働による割

増賃金の支払いは発生しません。また、あらかじめ定められた時間数が、所定労働時間に数時間の時間外労働時間数を合計した時間であれば、数時間分の時間外労働による割増賃金は当然に支払う必要がありますが、実際の労働時間がその時間を超えた場合でも、超えた分の時間外労働による割増賃金の支払いは発生しません。この点は、事業場外労働による「みなし労働時間制」と同様です。

3　企画業務型裁量労働制における労働時間の算定方法

　企画業務型裁量労働制における労働時間は、労使委員会で決議した時間数をもって労働時間とみなされます。事業場外労働による「みなし労働時間制」と違い、所定労働時間とすることはできません。また、1日を単位として設定したり、1週間や1か月を単位として労働時間を決議することはできません。

　では実際、どのくらいの時間を労働時間としたら良いでしょうか？この点については、事業場外労働による「みなし労働時間制」と違い、法令で、「このような水準で決議し、みなすべき」という規定がどこにもなく、リーフレットを見ても「割増賃金節約だけのために短めのみなし時間を定めることは、制度の趣旨に反しています。」と「ブラック企業か！」と突っ込みたくなるような記載しかありません。このため、私は、この企画業務型裁量労働制を採用するに当たり、対象となる社員1人ひとりの過去1年くらいの「実際の業務の遂行にかかった時間」を調査し、吟味検討した上で社員が必要とする時間を割り出すのが最も適切ではないかと考えています。

　なお、指針では、「労使委員会は、みなし労働時間について決議するに当たっては、対象業務の内容を十分検討するとともに、対象労働者に適用される評価制度及びこれに対応する賃金制度について使用者

から十分な説明を受け、それらの内容を十分理解した上で、適切な水準のものとなるよう決議することが必要であることに留意することが必要である。」としています。

【労働基準法第38条の４第１項の規定により同項第１号の業務に従事する労働者の適正な労働条件の確保を図るための指針（平成11年12月27日労働省告示第149号）】以下、一部抜粋

第３　労使委員会が決議する法第38条の４第１項各号に掲げる事項

３　法第38条の４第１項第４号に規定する事項関係

(1)　当該事項に関し具体的に明らかにする事項

　　法第38条の４第１項第３号の「対象業務に従事する前号に掲げる労働者の範囲に属する労働者の労働時間として算定される時間」(以下「みなし労働時間」という。)については、法第４章の規定の適用に係る１日についての対象労働者の労働時間数として、具体的に定められたものであることが必要である。

(2)　留意事項

　　労使委員会においては、みなし労働時間について決議するに当たっては、委員は、対象業務の内容を十分検討するとともに、対象労働者に適用される評価制度及びこれに対応する賃金制度について使用者から十分な説明を受け、それらの内容を十分理解した上で、適切な水準のものとなるよう決議することが必要であることに留意することが必要である。

4　労働時間が適用される範囲

　企画業務型裁量労働制に関する規定は、事業場外労働による「みなし労働時間制」と同様に、労働時間（労働基準法第４章の労働時間に

関する規定の範囲に係る労働時間）の算定について適用されるものであり、年少者の労働時間（労働基準法第6章の年少者に関する規定に係る労働時間）や女子の労働時間（第6章の2の女子に関する規定に係る労働時間）の算定については適用されません。年少者や女子の労働時間が適用され、保護されます。

　企画業務型裁量労働制は、労働時間の算定についてだけのことです。労働基準法のその他の規定、休憩や休日、時間外労働や休日労働させるための届出（いわゆる36協定届）、割増賃金の支払い、年次有給休等は当然に適用されます。つまり、企画業務型裁量労働制の対象労働者であっても、法定休日や深夜に労働させた場合には、労使委員会で決議した労働時間に関わらず、実際に働いた分の割増賃金を支給する必要があるということです。

　よって、これらに関する項目については、事業場外労働による「みなし労働時間制」の「**7**労働時間が適用される範囲」から「**15**事業場外労働による「みなし労働時間」を適切に設定するための「労働時間の適正な把握」」までと同様ですので、そちらを参照してください。事業場外労働による「みなし労働時間制」という文言を企画業務型裁量労働制と置き換えて読んでいただければ良いと思います。

5 企画業務型裁量労働制の対象となる業務

　企画業務型裁量労働制は、地位や立場で採用するものではなく、業務内容により採用できる制度です。制度導入時の一番大事な点は、社員の行っている業務内容が企画業務型裁量労働制を採用できる対象となる業務に該当するかどうかです。

　対象となる業務の具体的な範囲は、決議しなければなりませんが、その要件として以下の①から④までの要件すべてが必要です。逆に、

この①から④までの要件を満たせば、企画業務型裁量労働制を採用することができるということでもあります。

① 業務が所属する事業場の事業の運営に関するものであること。対象事業場の属する企業等に係る事業の運営に影響を及ぼすものや事業場独自の事業戦略に関するものなども含みます。

② 企画、立案、調査および分析の業務であること

③ 業務遂行の方法を大幅に労働者の裁量にゆだねる必要があると、「業務の性質に照らして客観的に判断される」業務であること

④ 企画・立案・調査・分析という相互に関連し合う作業を、いつ、どのように行うか等についての広範な裁量が労働者に認められている業務であること

①にあるとおり、会社全体の運営に関するものばかりではなく、各事業場独自の事業戦略に関するものも含むため、結構幅広く運用できるはずです。いまどきの主任以上であるならば、該当するのではないでしょうか？ 参考までに、対象となる業務に関する指針を以下に入れておきます。指針の読み方ですが、指針を読んで「該当しない」ではなく、該当しないなら、どのような業務を付加すれば該当するのかと読んでください。きっと主任以上の多くが該当することでしょう。

【労働基準法第38条の４第１項の規定により同項第１号の業務に従事する労働者の適正な労働条件の確保を図るための指針（平成11年12月27日労働省告示第149号）】以下、一部抜粋

第3 労使委員会が決議する法第38条の４第１項各号に掲げる事項

1 法第38条の４第１項第１号に規定する事項関係

(1) 当該事項に関し具体的に明らかにする事項

対象業務は、次のイからニまでに掲げる要件のいずれにも該当するものである。

イ　事業の運営に関する事項についての業務であること

　法第38条の４第１項第１号の「事業の運営に関する事項」とは、対象事業場の属する企業等に係る事業の運営に影響を及ぼす事項をいい、対象事業場における事業の実施に関する事項が直ちにこれに該当するものではない。

　例えば、本社である事業場においてその属する企業全体に係る管理・運営とあわせて対顧客営業を行っている場合、当該本社である事業場の管理・運営を担当する部署において策定される当該事業場の属する企業全体の営業方針については「事業の運営に関する事項」に該当するが、当該本社である事業場の対顧客営業を担当する部署に所属する個々の営業担当者が担当する営業については「事業の運営に関する事項」に該当しない。

　企業が取り扱う主要な製品・サービスごとに当該主要な製品・サービスの取扱いに関して相当の権限を有する事業本部を設けている場合、こうした事業本部全体に係る事業計画については「事業の運営に関する事項」に該当する。

　本社である事業場において基本的な事業方針や営業方針を決定し、これらに基づき具体化した事業計画や営業計画を地域本社や地域を統轄する支社・支店等である事業場において策定している場合等企業に係る事業運営上の重要な決定を行う権限を地域本社や地域を統轄する支社・支店等である事業場に分掌させていると考えられる場合には、当該地域本社や地域を統轄する支社・支店等である事業場の事業計画や営業計画については、「事業の運営に関する事項」に該当する。

ロ　企画、立案、調査及び分析の業務であること

　法第38条の４第１項第１号の「企画、立案、調査及び分析の業務」とは、「企画」、「立案」、「調査」及び「分析」という相互に関連し合う作業を組み合わせて行うことを内容とする業務をいう。ここでいう「業務」とは、部署が所掌する業務ではなく、個々

の労働者が使用者に遂行を命じられた業務をいう。

したがって、対象事業場に設けられた企画部、調査課等の「企画」、「立案」、「調査」又は「分析」に対応する語句をその名称に含む部署において行われる業務の全てが直ちに「企画、立案、調査及び分析の業務」に該当するものではない。

ハ 当該業務の性質上これを適切に遂行するにはその遂行の方法を大幅に労働者の裁量にゆだねる必要がある業務であること

　法第38条の４第１項第１号の「当該業務の性質上これを適切に遂行するにはその遂行の方法を大幅に労働者の裁量にゆだねる必要がある」業務とは、使用者が主観的にその必要があると判断しその遂行の方法を大幅に労働者にゆだねている業務をいうものではなく、当該業務の性質に照らし客観的にその必要性が存するものであることが必要である。

ニ 当該業務の遂行の手段及び時間配分の決定等に関し使用者が具体的な指示をしないこととする業務であること

　法第38条の４第１項第１号の「当該業務の遂行の手段及び時間配分の決定等に関し使用者が具体的な指示をしないこととする業務」とは、当該業務の遂行に当たり、その内容である「企画」、「立案」、「調査」及び「分析」という相互に関連し合う作業をいつ、どのように行うか等についての広範な裁量が、労働者に認められている業務をいう。したがって、日常的に使用者の具体的な指示の下に行われる業務や、あらかじめ使用者が示す業務の遂行方法等についての詳細な手順に即して遂行することを指示されている業務は、これに該当しない。

(2) 留意事項

イ 対象業務は、(1)イからニまでのいずれにも該当するものであることが必要であり、その全部又は一部に該当しない業務を労使委員会において対象業務として決議したとしても、当該業務に従事する労働者に関し、企画業務型裁量労働制の法第４章の労働時間

に関する規定の適用に当たっての労働時間のみなしの効果は生じ
ないものであることに、労使委員会の委員（以下「委員」という。）
は留意することが必要である。

ロ　労使委員会において、対象業務について決議するに当たり、委
員は、(イ)に掲げる対象業務となり得る業務の例及び(ロ)に掲げる対
象業務となり得ない業務の例について留意することが必要であ
る。

　なお、(イ)に掲げる対象業務となり得る業務の例は、これに該当
するもの以外は労使委員会において対象業務として決議し得ない
ものとして掲げるものではなく、また、(ロ)に掲げる対象業務とな
り得ない業務の例は、これに該当するもの以外は労使委員会にお
いて対象業務として決議し得るものとして掲げるものではないこ
とに留意することが必要である。

(イ)　対象業務となり得る業務の例

①　経営企画を担当する部署における業務のうち、経営状態・
経営環境等について調査及び分析を行い、経営に関する計画
を策定する業務

②　経営企画を担当する部署における業務のうち、現行の社内
組織の問題点やその在り方等について調査及び分析を行い、
新たな社内組織を編成する業務

③　人事・労務を担当する部署における業務のうち、現行の人
事制度の問題点やその在り方等について調査及び分析を行
い、新たな人事制度を策定する業務

④　人事・労務を担当する部署における業務のうち、業務の内
容やその遂行のために必要とされる能力等について調査及び
分析を行い、社員の教育・研修計画を策定する業務

⑤　財務・経理を担当する部署における業務のうち、財務状態
等について調査及び分析を行い、財務に関する計画を策定す
る業務

⑥　広報を担当する部署における業務のうち、効果的な広報手法等について調査及び分析を行い、広報を企画・立案する業務

⑦　営業に関する企画を担当する部署における業務のうち、営業成績や営業活動上の問題点等について調査及び分析を行い、企業全体の営業方針や取り扱う商品ごとの全社的な営業に関する計画を策定する業務

⑧　生産に関する企画を担当する部署における業務のうち、生産効率や原材料等に係る市場の動向等について調査及び分析を行い、原材料等の調達計画も含め全社的な生産計画を策定する業務

(ロ)　対象業務となり得ない業務の例

①　経営に関する会議の庶務等の業務

②　人事記録の作成及び保管、給与の計算及び支払、各種保険の加入及び脱退、採用・研修の実施等の業務

③　金銭の出納、財務諸表・会計帳簿の作成及び保管、租税の申告及び納付、予算・決算に係る計算等の業務

④　広報誌の原稿の校正等の業務

⑤　個別の営業活動の業務

⑥　個別の製造等の作業、物品の買い付け等の業務

ハ　対象業務について(1)ニにおいて「使用者が具体的な指示をしない」とされることに関し、企画業務型裁量労働制が適用されている場合であっても、業務の遂行の手段及び時間配分の決定等以外については、使用者は、労働者に対し必要な指示をすることについて制限を受けないものである。したがって、委員は、対象業務について決議するに当たり、使用者が労働者に対し業務の開始時に当該業務の目的、目標、期限等の基本的事項を指示することや、中途において経過の報告を受けつつこれらの基本的事項について所要の変更の指示をすることは可能であることに留意することが

必要である。

　また、企画業務型裁量労働制の実施に当たっては、これらの指示が的確になされることが重要である。このため、使用者は、業務量が過大である場合や期限の設定が不適切である場合には、労働者から時間配分の決定に関する裁量が事実上失われることがあることに留意するとともに、労働者の上司に対し、これらの基本的事項を適正に設定し、指示を的確に行うよう必要な管理者教育を行うことが適当であることに留意することが必要である。

6　企画業務型裁量労働制における手続き「労使委員会」

　企画業務型裁量労働制を採用する場合は、まず就業規則等への記載が必要です。ただし、事業場外労働による「みなし労働時間制」と違い、会社の判断で採用することはできません。採用する場合は、労使委員会を組織し、必要な事項について、労使委員会の委員の5分の4以上の多数により決議することが必要です。事業所がいくつもある場合は、採用する各事業所ごとに労使委員会を組織し、委員の5分の4以上の多数による決議が必要です。

　労使委員会とは、賃金、労働時間その他の労働条件に関する事項を調査審議し、会社に対して意見を述べる委員会で、使用者およびその事業場の労働者を代表する者が構成員となっているものです。

　使用者を代表する委員は、会社側の指名により選出されますが、労働者を代表する委員は、採用する事業場に労働者の過半数で組織する労働組合がある場合はその労働組合、労働者の過半数で組織する労働組合がない場合は労働者の過半数を代表する者から、任期を定めて指名されていることが必要です。

労使委員会の人数については、特に定められていませんが、労働者を代表する委員は、労使委員会の半数を占めていなければなりません。ただし、使用者を代表する委員1名、労働者を代表する委員1名の2名からなるような労使委員会は認められません。労使委員会の委員の5分の4以上の多数による議決が必要なことを考えると、1人でも反対すると「5分の4未満」とならない割合の人数がいることが望ましいものと考えます。ですので、最低でも5人以上の人数としたほうが良いでしょう。

　実際に労使委員会を招集し開催する場合は、労使委員会の運営規定を作成します。事業所がいくつもある場合は、採用する各事業所ごとに運営規定が必要です。

　参考までに「労使委員会運営規定」を**⑧**に記載しました。運営規定の第3条は、事業場外労働による「みなし労働時間制」の「労使協定に代わる委員会決議」で解説の通り、労使委員会の決議は、各労使協定に代えることができますので、必要に応じて記載しておくと良いでしょう。

　第6条の開催月は、業務の繁忙等を考えて開催する月を決めると良いでしょう。

7　就業規則例

　就業規則の記載例は、以下の通りです。第4項の休憩については、「一斉休憩の適用除外の協定書」があることを想定しています。

（企画業務型裁量労働制）

第○条　第○条（所定労働時間）の規定にかかわらず、会社は、労働基準法第38条の4に基づき、労使委員会の決議で定める対象従業員であって、本人の同意を得た者に企画業務型裁量労働制を適用することがある。

2　前項の同意は、個々の従業員から書面により得るものとする。

3　第1項に定める従業員は、第○条（所定労働時間）の規定にかかわらず、労使委員会の決議で定める時間労働したものとみなす。

4　第1項に定める従業員は、第○条（所定労働時間）及び第○条（休憩時間）の規定にかかわらず、始業・終業時刻及び休憩時間を業務遂行の必要に応じ、自らの裁量により具体的な時間配分を決定することができる。

5　休日は、第○条（休日）の規定によるものとする。

6　第1項に定める従業員が、休日又は深夜に労働する場合については、あらかじめ所属長の許可を受けなければならない。

7　前項により、許可を受けて休日又は深夜に労働した場合においては、会社は、賃金規程の定めるところにより所定の手当を支払うものとする。

8　企画業務型裁量労働制に関する他の項目は、労使委員会で決議した内容を就業規則の一部として当該決議に定める内容による。

労使委員会運営規程例

労使委員会の運営規程の規程例は、以下のとおりです。

労使委員会運営規程

（目的、名称）

第1条 本委員会は、労働基準法第38条の4に基づき同条に定める企画業務型の裁量労働の実施を目的として、そのための実施要件について決議し、併せて、裁量労働の実施のため、賃金、労働時間その他の労働条件に関する事項を調査審議し、事業主に対し意見を述べることを目的として設けるもので、○○株式会社○○事業場労使委員会と称する。

（設　置）

第2条 労使委員会は、○○株式会社本社事業場に置くものとする。

（審議事項）

第3条 労使委員会で審議する事項は次のとおりである。

① 企画業務型裁量労働制に関すること

② フレックスタイム制に関すること

③ その他の労働時間、休憩、休暇、賃金等労働条件に関すること

（委　員）

第4条 労使委員会の委員は、次の10名の者により構成するものとする。

① 使用者が指名する者　　5名

② 労働者の過半数を代表する者によって指名された者　　5名

（任　期）

第5条　委員の任期は、2年とする。ただし、所定の指名手続きにより再任は妨げない。

2　使用者が指名した委員が欠けた場合には、使用者は速やかに委員を補充しなければならない。

3　労働者の過半数を代表する者の指名を受けた者が欠けた場合には、労働者の過半数を代表する者は速やかに委員を補充すべく所定の手続きを実施しなければならない。

4　前2項および3項に基づき選任された委員は、欠けた委員の残りの任期を引き継ぐこととする。

（委員会の開催）

第6条　労使委員会の開催は、次のとおりとする。

①　毎年2月、5月、8月、11月（以下「定例労使委員会」という。）

②　労使委員会の委員の半数以上の要請があったとき

③　その他会社が必要と認めたとき

2　委員会の招集は、議長が行う。

（定足数）

第7条　労使委員会は、委員の8名以上、かつ、労働者の過半数を代表する者の指名を受けた者の4名以上の出席がなければ成立しない。

（議　長）

第8条　労使委員会の議事の進行に当たり議長を置くものとし、議長は委員の中から互選によって選出する。

（議　決）

第9条　労使委員会の議事は、出席委員の過半数の賛否で決定し、可否同数の時は議長が裁定する。ただし、第3条第1号に係る決議については出席した委員の5分の4以上の多数による決議で決定する。

2　前項のただし書きの決議は、書面により行い、出席委員全員の記

名、押印を行うものとする。

（議事録）

第10条　労使委員会の議事については、総務部担当者が議事録を作成
し、労使委員会に出席した委員２名（うち労働者の過半数を代表す
る者の指名を受けた者１名）が署名するものとする。

2　前項の議事録は、総務部で委員会開催後（決議の有効期間満了後）
３年間保存するものとする。また、議事録の作成の都度、速やかに、
その内容を社内ネットワークの「掲示板」に掲示することにより、
労働者に周知するものとする。

（報　告）

第11条　使用者は、２月の定例労使委員会において、次の情報を開示
しなければならない。

①　対象労働者の勤務状況、対象労働者に対する健康・福祉確保措
置、苦情処理等の実施状況

②　労働基準監督署長にした報告の内容

2　使用者は、委員の要請により、対象労働者に適用する評価制度、
賃金制度の具体的内容を開示しなければならない。ただし、労働者
各自の考課結果についてはこの限りではない。

付　則

1　この規程は、令和○年○月１日から施行する。

2　第６条第２項の議長について、第１回の委員会は総務部長（また
は支店長）が行う。

3　この規程の改正については、委員会の同意を得て行う。

労使委員会の決議

　労使委員会では、次の①〜⑧の事項について、労使委員会の委員の5分の4以上の多数による議決により決議することが必要です。「委員の5分の4以上の多数による議決」とは、出席している委員全員の5分の4以上の多数による決議です。

①　対象となる業務の具体的な範囲

②　対象労働者の具体的な範囲（「主任以上、職能資格○級の労働者」など）

　対象労働者は、対象となる業務に常態として従事しており、対象となる業務を適切に遂行するための知識、経験等が必要です。大学の学部を卒業した労働者であってまったく職務経験がない者は、客観的にみて対象労働者に該当しません。少なくとも3年ないし5年程度の職務経験を経た上で、対象業務を適切に遂行するための知識、経験等を有する労働者であることが必要です。

③　対象となる業務に従事する対象労働者の労働時間として算定される時間

　※決議書例では、1日10時間としましたが、あくまでも例です。

④　使用者が対象労働者の勤務状況に応じて実施する健康および福祉を確保するための措置の具体的内容（「特別休暇の付与」など）

　1．使用者が対象労働者の労働時間の状況等の勤務状況を把握する方法として、事業場の実態に応じて適当なものを具体的に定めること。

　　ここでは、通常の実労働時間管理と同様の管理までは求められてはいませんが、いかなる時間帯にどの程度の時間会社にいたかなどの状況の把握が必要であり、その方法を決議で明確にする必

要があります。

2. 1. により把握した勤務状況に基づいて、対象労働者の勤務状況に応じ、使用者がいかなる健康・福祉確保措置をどのように講ずるかを明確にすること。

　ここでは、どのような措置を行うかは、自由であり、具体的な措置は決められていません。決議書例も一例です。

※厚生労働省では上記とあわせて、以下の事項についても決議することを望んでいます。

- 使用者が対象労働者の勤務状況を把握する際、併せて健康状態を把握すること
- 使用者が把握した対象労働者の勤務状況およびその健康状態に応じて、対象労働者への企画業務型裁量労働制の適用について必要な見直しを行うこと
- 使用者が対象となる労働者の自己啓発のための特別休暇の付与等能力開発を促進する措置を講ずること

⑤　使用者が対象労働者からの苦情の処理のため実施する措置の具体的内容（「対象労働者からの苦情の申出の窓口および担当者、取り扱う苦情の範囲」など）

⑥　本制度の適用について労働者本人の同意を得なければならないことおよび不同意の労働者に対し不利益取扱いをしてはならないこと

※厚生労働省では⑥とあわせて、以下の事項についても決議することを望んでいます。

- 企画業務型裁量労働制の制度の概要、企画業務型裁量労働制の適用を受けることに同意した場合に適用される評価制度やこれに対応する賃金制度の内容、同意しなかった場合の配置や処遇について、使用者が労働者に対して明示して労働者の同意を得ること
- 企画業務型裁量労働制の適用を受けることについての労働者の同意の手続き（書面によることなど）

- 対象となる労働者から同意を撤回することを認めることとする場合には、その要件および手続き

⑦　決議の有効期間（3年以内とすることが望ましいとされています）
　※厚生労働省では⑦とあわせて、以下の事項についても決議することを望んでいます。

- 委員の半数以上から決議の変更等のための労使委員会の開催の申出があった場合は、決議の有効期間の中途であっても決議の変更等のための調査審議を行うものとすること

⑧　企画業務型裁量労働制の実施状況に係る記録を保存すること（決議の有効期間中およびその満了後3年間）

　なお、厚生労働省では①から⑧までの他に、以下の事項についても決議することを望んでいます。

- 使用者が対象労働者に適用される評価制度やこれに対応する賃金制度を変更しようとする場合にあっては、労使委員会に対して事前に変更内容の説明をすること

　なお、労使委員会で決議したことは、労働基準法施行規則様式第13号の2（企画業務型裁量労働制に関する決議届）により所轄労働基準監督署長へ届け出ることが必要です。使用者が決議を届け出なければ、本制度の効果は生じませんので注意して下さい。

　また、決議が行われた日から起算して6か月以内ごとに1回、労働基準法施行規則様式第13号の4（企画業務型裁量労働制に関する報告）により所轄労働基準監督署長へ定期報告を行うことが必要です。報告内容は、対象労働者の労働時間の状況や対象労働者の健康および福祉を確保する措置の実施状況などです。

10 決議書例

労使委員会の決議書例は、以下のとおりです。

企画業務型裁量労働制に関する決議書

　○○株式会社本社事業場労使委員会は、企画業務型裁量労働制につき、以下のとおり決議する。

（対象業務）

第1条　企画業務型裁量労働制を適用する業務の範囲は、以下の各号に定めるとおりとする。

　①　営業企画部において営業方針や営業計画を策定する業務

　②　生産企画部において生産計画を策定する業務

（対象労働者）

第2条　企画業務型裁量労働制を適用する労働者は、前条で定める業務に常態として従事する者のうち、入社して5年目以上の者またはそれと同等の経験を有するもので、かつ主任以上である者とする。ただし、部長以上の管理監督者を除くものとする。

（対象労働者の事前の同意）

第3条　対象労働者を対象となる業務に従事させる前には、本人の書面による同意を得なければならないものとする。この同意を得るに当たっては、会社は本決議の内容、同意した場合に適用される人事評価制度及び賃金制度の内容、同意しなかった場合の配置及び処遇について、対象労働者に説明する。

（不同意者の取扱い）

第4条　前条の場合に、同意しなかった者に対して、同意しなかった

ことを理由として、処遇等で本人に不利益な取扱いをしてはならない。

（みなし労働時間）

第5条　第2条に定める者のうち、第3条に基づき同意を得た者（以下「裁量労働制従業員」という。）が、所定労働日に勤務した場合には、就業規則第〇条（所定労働時間）に定める所定労働時間にかかわらず、1日10時間労働したものとみなす。

2　対象従業員の基準内賃金は、1日10時間労働の対価として支給する。なお、1日2時間分の法定時間外労働に対しては、時間外手当として割増賃金（2割5分）分を支給する。

（裁量労働制従業員の出勤等の際の手続き）

第6条　裁量労働制従業員は、出勤した日については、入退室時にIDカードによる時刻の記録を行わなければならない。

2　裁量労働制従業員が、出張等業務の都合により事業場外で従事する場合には、あらかじめ所属長の承認を得て、これを行わなければならない。所属長の承認を得た場合には、前条に定める労働時間労働したものとみなす。

（裁量労働制従業員の健康と福祉の確保）

第7条　裁量労働制従業員の健康と福祉を確保するために、以下の各号に定める措置を講ずる。

①　裁量労働制従業員の健康状態を把握するために次の措置を実施する。

a)　所属長は、入退室時のIDカードの記録により、裁量労働制従業員の出社時刻および、裁量労働制従業員の退社時刻が深夜時間帯に及ぶ場合にはその時刻を把握することによりその勤務状況を把握する。

b)　所属長は1か月に1度、裁量労働制従業員の健康状態についてヒアリングによりその健康状態を確認する。

②　使用者は、前号の結果を取りまとめるとともに、次の措置を実

施する。

    a)   定期健康診断とは別に、年1回の健康診断を実施する。

    b)   必要に応じて特別休暇を付与する。

③   精神・身体両面の健康についての相談室を本店総務部に設置する。

（裁量労働適用の中止）

第8条   前条の措置の結果、裁量労働制従業員に企画業務型裁量労働制を適用することがふさわしくないと認められた場合、または裁量労働制従業員が企画業務型裁量労働制の適用の中止を申し出た場合は、使用者は当該労働者に企画業務型裁量労働制を適用しない。

（裁量労働制従業員の苦情の処理）

第9条   裁量労働制従業員から苦情等があった場合には、以下の各号に定める手続きに従い、対応する。

①   裁量労働制相談室を次のとおり開設する。

    a)   場所   本店総務部

    b)   開設日時   毎週   ○曜日   ○時から○時

    c)   相談員   ○○

②   取り扱う苦情の範囲は次のとおりとする。

    a)   裁量労働制の運用に関する全般の事項

    b)   裁量労働制従業員に適用している人事評価制度、及びこれに対応する賃金制度等の処遇制度全般

③   相談者の秘密を厳守し、プライバシーの保護に努める。

（決議の変更）

第10条   決議した時点では予見することができない事情の変化が生じ、委員の半数以上から労使委員会開催の申出があった場合には、有効期間の途中であっても、決議した内容を変更する等のための労使委員会を開催する。

（勤務状況等の保存）

第11条   使用者は、裁量労働制従業員の勤務状況、裁量労働従事者の

健康と福祉確保のために講じた措置、裁量労働制従業員からの苦情について講じた措置、企画業務型裁量労働制を適用することについて裁量労働制従業員から得た同意に関する労働者ごとの記録を決議の有効期間中および有効期間満了後3年間を経過するときまで保存する。

（人事評価制度・賃金制度の労使委員会への開示）

第12条　会社は、裁量労働制従業員に適用される人事評価制度、これに対応する賃金制度を変更する場合、事前にその内容について委員に対し説明する。

（労使委員会への情報開示）

第13条　会社は、労使委員会において、裁量労働制従業員の勤務状況、裁量労働制従業員の健康と福祉確保のために講じた措置、裁量労働制従業員からの苦情について講じた措置の情報を開示する。

（裁量労働制の解除）

第14条　会社は、業務の都合により、本決議事項による裁量労働制の適用を解除し、裁量労働制従業員に対し、就業規則第○条（所定労働時間）の規定による通常勤務を命じることができる。

（決議の有効期間）

第15条　本決議の有効期間は令和○年○月1日から令和○年○月31日までの3年間とする。

令和○年○月1日
○○株式会社本社事業場労使委員会
　委　員　　　○○　　　　　○○　　　　　○○　・・・・・・

【様式第13号の2（企画業務型裁量労働制に関する決議届）】

様式第13号の2（第24条の2の3第1項関係）

企画業務型裁量労働制に関する決議届

事業の種類	事業の名称	事業の所在地（電話番号）	常時使用する労働者数
その他の事業	○○株式会社本社営業場		156

業務の内容	労働者の範囲（職務経験年数、職能資格等）	労働者数	決議で定める労働時間
営業企画部門において営業計画や営業体制等を策定する業務。 事業企画部門において採算計画や社内体制等を策定する業務。	入社5年目以上で営業計画や営業体制等を策定する業務に従事した経験を有する者。 入社5年目以上又は入社5年目以上と同等の経験を有する者。 入社5年目以上又は入社5年目以上と同等の経験を有する者。	12人 ○○人 16人	10時間 ○○時間

労働者の健康及び福祉を確保するために講ずる措置 （労働者の労働時間の状況の把握方法）	1カ月に一度、所属長が健康状態についてヒアリングを行い、定期健康診断とは別に、年1回の健康診断を実施し、必要に応じて特別休暇を付与する。

労働者からの苦情の処理に関して講ずる措置	（別添決議書第9条の通り）

労働者の同意の取得及び同意をしなかった労働者に対して解雇その他不利益な取扱いをしないことについての決議の有無	有・無

労働者ごとに、労働時間の状況に応じた当該労働者の健康及び福祉を確保するための措置として講じた措置、苦情の処理に関する措置として講じた措置	有・無

決議で定めた上記記録を保存することについての決議の有無	有・無

| 決議の成立年月日 | 令和 ○ 年 ○ 月 ○ 日 |
| 決議の有効期間 | 令和 ○ 年 ○ 月 ○ 日から 令和 ○ 年 ○ 月まで |

委員会の委員数	10

委員会の同意の有無	有・無
規程の有無	有・無

指名された委員		運営規程に定める事項
任期		委員の選出に関する事項・委員会の招集に関する事項・運営に関する事項・決議の方法に関する事項・定足数に関する事項

氏名	任期
○○	2年
○○	同上
○○	同上
○○	同上

その他の委員	
氏名	職名 営業企画部主任
××	職能経験年数
××	
××	
××	

使用者 職名 ○○株式会社 代表取締役
氏名

令和 ○ 年 ○ 月 ○ 日

○○ 労働基準監督署長殿

記載心得

1　「業務の種類」の欄には、労働基準法第38条の4第1項第1号に規定する業務を具体的に記入すること。
2　「労働者の範囲」の欄には、労働基準法第38条の4第1項第1号に規定する労働者の範囲を具体的に記入すること。
3　「決議で定める労働時間」の欄には、労働基準法第38条の4第1項第3号に規定する時間を記入すること。
4　「労働者の健康及び福祉を確保するために講ずる措置」の欄には、労働基準法第38条の4第1項第4号に規定する措置の内容を具体的に記入するとともに、同号の労働者の労働時間の状況の把握方法を記入すること。
5　「労働者からの苦情の処理に関して講ずる措置」の欄には、労働基準法第38条の4第1項第5号に規定する措置の内容を具体的に記入すること。
6　「指名された委員」の欄には、労働基準法第41条第2号に規定する監督又は管理の地位にある者でなく、かつ、同法同条第1号の規定により労働者の過半数を代表する者の信任を得て選出された委員の氏名を記入すること。なお、労働者の過半数を代表する者が同法同条第2号に規定する監督又は管理の地位にある者でないこと及び労働者の過半数を代表する者を選出することを明らかにして実施される投票、挙手等の方法による手続により選出された者であること。
7　「運営規程に含まれている事項」の欄には、該当する事項をチェックすること。

【様式第13号の4（企画業務型裁量労働制に関する報告）】

様式第13号の4（第24条の2の5第1項関係）

企画業務型裁量労働制に関する報告

報告期間	令和○年　○月から　○年　○月まで

事業の種類	事業の名称	事業の所在地（電話番号）
	○○株式会社本社事業場	～

その他の事業				
業務の種類	労働者の範囲	労働者数	労働者の労働時間の状況（労働時間の把握方法）	労働者の健康及び福祉を確保する措置の実施状況
営業方針や営業計画の策定	営業企画部で、入社5年目以上又はそれに同等の経験を有する者であって主任以上である者	12人	平均8時間・最長10時間 （　　　ID カード　　　）	特別健康診断の実施 （令和○年○月○日）
生産計画の策定	生産企画部で、入社5年目以上又はそれに同等の経験を有する者であって主任以上である者	16人	平均9時間・最長12時間 （　　　ID カード　　　）	特別健康診断の実施（令和○年○月○日） 特別休暇の付与
			（　　　　　　）	
			（　　　　　　）	

令和○年　○月　○日

○○○○労働基準監督署長　殿

使用者　職名　○○株式会社　代表取締役

　　　　氏名　○○

記載心得
1　「業務の種類」の欄には、労働基準法第38条の4第1項第1号に規定する業務として決議した業務を具体的に記入すること。
2　「労働者の範囲」及び「労働者数」の欄には、労働基準法第38条の4第1項第1号に規定する労働者の範囲及びその数を記入すること。
3　「労働者の労働時間の状況」の欄には、労働基準法第38条の4第1項第4号に規定する労働時間の状況として把握した時間のうち、平均的なものの及び最長のものの状況を具体的に記入すること。また、労働時間の状況を実際に把握した方法を具体的に（　　）内に記入すること。
4　「労働者の健康及び福祉を確保するための措置の実施状況」の欄には、労働基準法第38条の4第1項第4号に規定する措置として講じた措置の実施状況を具体的に記入すること。

11 対象労働者の同意

　企画業務型裁量労働制を採用する場合は、労使委員会の決議に従い、対象労働者本人の同意が必要です。同意は書面で得た上で適用することが望ましいでしょう。また、不同意の労働者に対して、評価を下げるなどの不利益な取扱いは絶対にしないように気を付けてください。

※　同意書例
　　同意書例は、以下のとおりです。

企画業務型裁量労働制の適用を受けることに関する同意書

　私○○○○は、企画業務型裁量労働制の適用を受けるに当たり、会社から労使委員会の決議の内容、同意した場合に適用される人事評価制度及び賃金制度の内容、同意しなかった場合の配置および処遇について、詳細な説明を受け、理解いたしました。

　その上で、私は企画業務型裁量労働制の適用を受けることに同意いたします。

令和○年○月○日
○○株式会社　代表取締役　○○○○　殿
　　　　　　　　　　　　　営業企画部　営業推進課　○○○○

Ⅱ　専門業務型裁量労働制

1 専門業務型裁量労働制とは？

　専門業務型裁量労働制は、「業務の性質上その業務遂行の方法を大幅に社員の裁量にゆだねる必要があるため、業務の遂行の手段と時間配分の決定等に関し会社が具体的な指示をすることが困難なものとして厚生労働省令で定める業務」に従事していれば、労働時間を実労働時間でみるのではなく、労使協定で定めた時間数をもって労働時間とみなすことができる制度です。実際に業務に従事した実労働時間とは直接的には関係がなくなり、あらかじめ決議した時間数をもって労働基準法上の労働時間となります。

　企画業務型裁量労働制との違いは、業務が「厚生労働省令で定められた業務」に限定されていること、労働時間とみなす時間数を、「労使委員会の決議」ではなく労使協定で定めることができることです。また、職務経験の有無を問われておらず、本人の同意も必要としていません。

　専門業務型裁量労働制は、リモートワークを導入するにあたり採用できる労働時間制度であり、「柔軟な働き方」をサポートするための制度の1つではあります。「社員に任せる」ことができる制度でもあります。ただし、情報処理システム等に係る一部の専門業務では、適用された社員が脳心臓疾患や精神疾患等を発症し、労災認定されてお

り過労死も出ています。専門業務型裁量労働制は、ある種現場に近い業務です。管理部門や事務部門等デスクワーク中心の仕事ではありません。このことを考えると、私個人的にはリモートワークを導入するにあたり、正直専門業務型裁量労働制は採用すべきではなく、専門業務であればこそ、労働時間状況の把握をし、きちんと管理すべきとは考えています。専門業務型裁量労働制を採用する場合は、この点をよくよく考えた上で採用してください。

労働基準法

第38条の3 使用者が、当該事業場に、労働者の過半数で組織する労働組合があるときはその労働組合、労働者の過半数で組織する労働組合がないときは労働者の過半数を代表する者との書面による協定により、次に掲げる事項を定めた場合において、労働者を第1号に掲げる業務に就かせたときは、当該労働者は、厚生労働省令で定めるところにより、第2号に掲げる時間労働したものとみなす。

一　業務の性質上その遂行の方法を大幅に当該業務に従事する労働者の裁量にゆだねる必要があるため、当該業務の遂行の手段及び時間配分の決定等に関し使用者が具体的な指示をすることが困難なものとして厚生労働省令で定める業務のうち、労働者に就かせることとする業務（以下「対象業務」）

二　対象業務に従事する労働者の労働時間として算定される時間

三　対象業務の遂行の手段及び時間配分の決定等に関し、当該対象業務に従事する労働者に対し使用者が具体的な指示をしないこと。

四　対象業務に従事する労働者の労働時間の状況に応じた当該労働者の健康及び福祉を確保するための措置を当該協定で定めるところにより使用者が講ずること。

五　対象業務に従事する労働者からの苦情の処理に関する措置を当該協定で定めるところにより使用者が講ずること。

六　前各号に掲げるもののほか、厚生労働省令で定める事項

2　前条第3項の規定は、前項の協定について準用する。

 # 専門業務型裁量労働制における時間外労働

専門業務型裁量労働制は、あらかじめ定められた時間数をもって労働基準法上の労働時間とみなしてしまいますので、実際に業務に従事した実労働時間とは直接的には関係がなくなり、あらかじめ定められた時間数と実労働時間数とが違っていても、あらかじめ定められた時間数以外の時間を労働時間とはしません。よって、あらかじめ定められた時間数が、会社の所定労働時間内であれば、時間外労働による割増賃金の支払いは発生しません。また、あらかじめ定められた時間数が、所定労働時間に数時間の時間外労働時間数を合計した時間であれば、数時間分の時間外労働による割増賃金は当然に支払う必要がありますが、実際の労働時間がその時間を超えた場合でも、超えた分の時間外労働による割増賃金の支払いは発生しません。この点は、事業場外労働による「みなし労働時間制」や企画業務型裁量労働制と同様です。

 # 専門業務型裁量労働制における労働時間の算定方法

専門業務型裁量労働制における労働時間は、労使協定で定めた時間数をもって労働時間とみなされます。事業場外労働による「みなし労働時間制」と違い、所定労働時間とすることはできません。また、1日を単位として設定したり、1週間や1か月を単位として労働時間を

定めることはできません。

　実際、どのくらいの時間を労働時間としたら良いかという点については、「Ⅰ　企画業務型裁量労働制」の「❸企画業務型裁量労働制における労働時間の算定方法」を参照してください。

 # 労働時間が適用される範囲

　専門業務型裁量労働制に関する規定は、事業場外労働による「みなし労働時間制」と同様に、労働時間（労働基準法第4章の労働時間に関する規定の範囲に係る労働時間）の算定について適用されるものであり、年少者の労働時間（労働基準法第6章の年少者に関する規定に係る労働時間）や女子の労働時間（第6章の2の女子に関する規定に係る労働時間）の算定については適用されません。年少者や女子の労働時間が適用され、保護されます。

　専門業務型裁量労働制は、労働時間の算定についてだけのことです。労働基準法のその他の規定、休憩や休日、時間外労働や休日労働させるための届出（いわゆる36協定届）、割増賃金の支払い、年次有給休暇等は当然に適用されます。つまり、専門業務型裁量労働制の対象労働者であっても、法定休日や深夜に労働させた場合には、労使協定で定めた労働時間に関わらず、実際に働いた分の割増賃金を支給する必要があるということです。

　これらに関する項目については、第2章の「事業場外労働による「みなし労働時間制」」の「❼労働時間が適用される範囲」から「⓯事業場外労働による「みなし労働時間」を適切に設定するための「労働時間の適正な把握」」までと同様ですので、そちらを参照してください。事業場外労働による「みなし労働時間制」という文言を専門業務型裁量労働制と置き換えて読んでいただければ良いと思います。

5 専門業務型裁量労働制の対象となる業務

　専門業務型裁量労働制は、企画業務型裁量労働制と同様に地位や立場で採用するものではなく、業務内容により採用できる制度です。制度導入時の一番大事な点は、社員の行っている業務内容が厚生労働省令や厚生労働大臣告示によって定められた業務に該当するかどうかです。

　業務内容は19業務に限られており、範囲は次のとおりです。

⑴　新商品若しくは新技術の研究開発又は人文科学若しくは自然科学に関する研究の業務

　「新商品若しくは新技術の研究開発」とは、材料、製品、生産・製造工程等の開発または技術的改善等をいうものであること。

⑵　情報処理システム（電子計算機を使用して行う情報処理を目的として複数の要素が組み合わされた体系であってプログラムの設計の基本となるものをいう。）の分析又は設計の業務

　「情報処理システム」とは、情報の整理、加工、蓄積、検索等の処理を目的として、コンピュータのハードウェア、ソフトウェア、通信ネットワーク、データを処理するプログラム等が構成要素として組み合わされた体系をいうものであること。

　「情報処理システムの分析又は設計の業務」とは、(a)ニーズの把握、ユーザーの業務分析等に基づいた最適な業務処理方法の決定およびその方法に適合する機種の選定、(b)入出力設計、処理手順の設計等アプリケーション・システムの設計、機械構成の細部の決定、ソフトウェアの決定等、(c)システム稼働後のシステムの評価、問題点の発見、そ

171

の解決のための改善等の業務をいうものであること。プログラムの設計または作成を行うプログラマーは含まれないものであること。

(3) 新聞若しくは出版の事業における記事の取材若しくは編集の業務又は放送番組の制作のための取材若しくは編集の業務

「新聞又は出版の事業」には、新聞、定期刊行物にニュースを提供するニュース供給業も含まれるものであること。なお、新聞または出版の事業以外の事業で記事の取材または編集の業務に従事する者、例えば社内報の編集者等は含まれないものであること。

「取材又は編集の業務」とは、記事の内容に関する企画および立案、記事の取材、原稿の作成、割付け・レイアウト・内容のチェック等の業務をいうものであること。記事の取材に当たって、記者に同行するカメラマンの業務や、単なる校正の業務は含まれないものであること。

「放送番組の制作のための取材の業務」とは、報道番組、ドキュメンタリー等の制作のために行われる取材、インタビュー等の業務をいうものであること。取材に同行するカメラマンや技術スタッフは含まれないものであること。

「編集の業務」とは、上記の取材を要する番組における取材対象の選定等の企画および取材によって得られたものを番組に構成するための内容的な編集をいうものであり、音量調整、フィルムの作成等技術的編集は含まれないものであること。

(4) 衣服、室内装飾、工業製品、広告等の新たなデザインの考案の業務

「広告」には、商品のパッケージ、ディスプレイ等広く宣伝を目的としたものも含まれるものであること。考案されたデザインに基づき、単に図面の作成、製品の制作等の業務を行う者は含まれないものであること。

⑸　放送番組、映画等の制作の事業におけるプロデューサー又はディレクターの業務

「放送番組、映画等の制作」には、ビデオ、レコード、音楽テープ等の制作および演劇、コンサート、ショー等の興行等が含まれるものであること。

「プロデューサーの業務」とは、制作全般について責任を持ち、企画の決定、対外折衝、スタッフの選定、予算の管理等を総括して行うことをいうものであること。「ディレクターの業務」とは、スタッフを統率し、指揮し、現場の制作作業の統括を行うことをいうものであること。

⑹　広告、宣伝等における商晶等の内容、特長等に係る文章の案の考案の業務

いわゆるコピーライターの業務をいうものであること。

「広告、宣伝等」には、商品等の内容、特長等に係る文章伝達の媒体一般が含まれるものであり、また、営利目的か否かを問わず、啓蒙、啓発のための文章も含まれるものであること。

「商品等」とは、単に商行為たる売買の目的物たる物品にとどまるものではなく、動産であるか不動産であるか、また、有体物であるか無体物であるかを問わないものであること。

「内容、特長等」には、キャッチフレーズ（おおむね10文字前後で読み手を引きつける魅力的な言葉）、ボディコピー（より詳しい商品内容等の説明）、スローガン（企業の考え方や姿勢を分かりやすく表現したもの）等が含まれるものであること。

「文章」については、その長短を問わないものであること。

(7)　**事業運営において情報処理システム（電子計算機を使用して行う情報処理を目的として複数の要素が組み合わされた体系であってプログラムの設計の基本となるものをいう。）を活用するための問題点の把握又はそれを活用するための方法に関する考案若しくは助言の業務**

　いわゆるシステムコンサルタントの業務をいうものであること。

　「情報処理システム」とは前記(2)に規定する情報処理システムをいうこと。

　「情報処理システムを活用するための問題点の把握」とは、現行の情報処理システムまたは業務遂行体制についてヒアリング等を行い、新しい情報処理システムの導入または現行情報処理システムの改善に関し、情報処理システムを効率的、有効に活用するための方法について問題点の把握を行うことをいうものであること。

　「それを活用するための方法に関する考案若しくは助言」とは、情報処理システムの開発に必要な時間、費用等を考慮した上で、新しい情報処理システムの導入や現行の情報処理システムの改善に関しシステムを効率的、有効に活用するための方法を考案し、助言（専ら時間配分を顧客の都合に合わせざるを得ない相談業務は含まない。以下同義。）することをいうものであること。

　アプリケーションの設計または開発の業務、データベース設計または構築の業務は含まれないものであり、当該業務は前記(2)の業務に含まれること。

(8)　**建築物内における照明器具、家具等の配置に関する考案、表現又は助言の業務**

　いわゆるインテリアコーディーネーターの業務をいうものであること。

　「照明器具、家具等」には、照明器具、家具の他、建具、建装品（ブ

ラインド、びょうぶ、額縁等）、じゅうたん、カーテン等繊維製品等が含まれるものであること。

「配置に関する考案、表現又は助言の業務」とは、顧客の要望を踏まえたインテリアをイメージし、照明器具、家具等の選定又はその具体的な配置を考案した上で、顧客に対してインテリアに関する助言を行う業務、提案書を作成する業務、模型を作製する業務または家具等の配置の際の立ち会いの業務をいうものであること。

内装等の施工など建設業務、専ら図面や提案書等の清書を行う業務、専ら模型の作製等を行う業務、家具販売店等における一定の時間帯を設定して行う相談業務は含まれないものであること。

⑼　ゲーム用ソフトウェアの創作の業務

「ゲーム用ソフトウェア」には、家庭用テレビゲーム用ソフトウェア、液晶表示装置を使用した携帯ゲーム用ソフトウェア、ゲームセンター等に設置される業務用テレビゲーム用ソフトウェア、パーソナルコンピュータゲーム用ソフトウェア等が含まれるものであること。

「創作」には、シナリオ作成（全体構想）、映像制作、音響制作等が含まれるものであること。専ら他人の具体的指示に基づく裁量権のないプログラミング等を行う者または創作されたソフトウェアに基づき単にCD-ROM等の製品の製造を行う者は含まれないものであること。

⑽　有価証券市場における相場等の動向又は有価証券の価値等の分析、評価又はこれに基づく投資に関する助言の業務

いわゆる証券アナリストの業務をいうものであること。

「有価証券市場における相場等の動向」とは、株式相場、債券相場の動向のほかこれに影響を与える経済等の動向をいうものであること。

「有価証券の価値等」とは、有価証券に投資することによって将来得られる利益である値上がり益、利子、配当等の経済的価値および有価証券の価値の基盤となる企業の事業活動をいうものであること。

「分析、評価又はこれに基づく投資に関する助言の業務」とは、有価証券等に関する高度の専門知識と分析技術を応用して分析し、当該分析の結果を踏まえて評価を行い、これら自らの分析または評価結果に基づいて運用担当者等に対し有価証券の投資に関する助言を行う業務をいうものであること。

ポートフォリオを構築または管理する業務、一定の時間を設定して行う相談業務、専ら分析のためのデータの入力・整理を行う業務は含まれないものであること。

⑾ 金融工学等の知識を用いて行う金融商品の開発の業務

「金融工学等の知識を用いて行う金融商品の開発」とは、金融取引のリスクを減らしてより効率的に利益を得るため、金融工学のほか、統計学、数学、経済学等の知識をもって確率モデル等の作成、更新を行い、これによるシミュレーションの実施、その結果の検証等の技法を駆使した新たな金融商品の開発をいうものであること。

ここでいう「金融商品」とは、金融派生商品（金や原油などの原資産、株式や債権などの原証券の変化に依存してその値が変化する証券）および同様の手法を用いた預貯金等をいうものであること。金融サービスの企画立案または構築の業務、金融商品の売買の業務、市場動向分析の業務、資産運用の業務、保険商品または共済の開発に際してアクチュアリが通常行う業務、商品名の変更のみをもって行う金融商品の開発の業務、専らデータの入力・整理を行う業務は含まれないものであること。

⑿　**学校教育法（昭和22年法律第26号）に規定する大学における教授研究の業務（主として研究に従事するものに限る。）**

当該業務は、学校教育法に規定する大学の教授、准教授（注）または講師の業務をいうものであること。

「教授研究」とは、大学の教授、准教授または講師が学生を教授し、その研究を指導し、研究に従事することをいうものであること。

「主として研究に従事する」とは、業務の中心はあくまで研究の業務であることをいうものであり、具体的には、研究の業務のほかに講義等の授業の業務に従事する場合に、その時間が、1週の所定労働時間又は法定労働時間のうち短いものについて、そのおおむね5割に満たない程度であることをいうものであること。

なお、大学病院等において行われる診療の業務については、専ら診療行為を行う教授等が従事するものは、教授研究の業務に含まれないものであるが、医学研究を行う教授等がその一環として従事する診療の業務であって、チーム制（複数の医師が共同で診療の業務を担当するため、当該診療の業務について代替要員の確保が容易である体制をいう。）により行われるものは、教授研究の業務として扱って差し支えないこと。

ただし、大学の助手については、専ら人文科学または自然科学に関する研究の業務に従事する場合には、前記⑴に該当するものであること。

また、大学の助教（注）は、専ら人文科学または自然科学に関する研究の業務に従事すると判断できる場合は、前記⑴の業務として取り扱うこと。この場合において、助教は、教授の業務を行うことができることになっていることから、その時間が週の所定労働時間または法定労働時間のうち短いものの1割程度以下であり、他の時間においては人文科学または自然科学に関する研究の業務に従事する場合には、専ら人文科学または自然科学に関する研究の業務に従事するものとして取り扱って差し支えないこと。

（注）　学校教育法の一部改正法が平成19年４月１日から施行され、大学の職員について、同法第58条において、助教授に代えて「准教授」を設け、「助教」が新設されました。

⒀　公認会計士の業務

　「公認会計士の業務」とは、法令に基づいて公認会計士の業務とされている業務をいうものであり、例えば、公認会計士法（昭和23年法律第103号）第２条第１項に規定する「他人の求めに応じて報酬を得て、財務書類の監査又は証明をする」業務、同条第２項に規定する「公認会計士の名称を用いて、他人の求めに応じ報酬を得て、財務書類の調整をし、財務に関する調査若しくは立案をし、又は財務に関する相談に応じる」業務が、これに該当するものであること。

⒁　弁護士の業務

　「弁護士の業務」とは、法令に基づいて弁護士の業務とされている業務をいうものであり、例えば、弁護士法（昭和24年法律第205号）第３条第１項に規定する「当事者その他関係人の依頼又は官公署の委嘱によって、訴訟事件、非訟事件及び審査請求、異議申立て、再審査請求等行政庁に対する不服申立事件に関する行為その他の法律事務」が、これに該当するものであること。

⒂　建築士の業務

　「建築士の業務」とは、法令に基づいて建築士の業務（１級建築士、２級建築士および木造建築士の業務とされている業務）をいうものであり、例えば、建築士法（昭和25年法律第202号）第３条から第３条の３までに規定する設計または工事監理がこれに該当するものであること。

　例えば他の「建築士」の指示に基づいて専ら製図を行うなど補助的業務を行う者は含まれないものであること。

178

⒃　不動産鑑定士の業務

　「不動産鑑定士の業務」とは、法令に基づいて不動産鑑定士の業務とされている業務をいうものであり、例えば、不動産の鑑定評価に関する法律（昭和38年法律第152号）第2条第1項に規定する「土地若しくは建物又はこれらに関する所有権以外の権利の経済価値を判定し、その結果を価格に表示する」業務が、これに該当するものであること。

⒄　弁理士の業務

　「弁理士の業務」とは、法令に基づいて弁理士の業務とされている業務をいうものであり、例えば、弁理士法（大正10年法律第100号）第1条に規定する「特許、実用新案、意匠若ハ商標又ハ国際出願ニ関シ特許庁ニ対シ為スベキ事項及特許、実用新案、意匠又ハ商標ニ関スル異議申立又ハ裁定ニ関シ通商産業大臣ニ対シ為スベキ事項ノ代理並ニ此等ノ事項ニ関スル鑑定其ノ他ノ事務」が、これに該当するものであること。

⒅　税理士の業務

　「税理士の業務」とは、法令に基づいて税理士の業務とされている業務をいうものであり、例えば、税理士法（昭和26年法律第237号）第2条第1項に規定する税務代理または税務書類の作成がこれに該当するものであること。

⒆　中小企業診断士の業務

　「中小企業診断士の業務」とは、法令に規定されている中小企業の経営の診断または助言の業務をいうものであり、例えば、中小企業支援事業の実施に関する基準を定める省令（昭和38年通商産業省令第123号）第4条第3項に規定する一般診断業務（中小企業者に対して

個別に行う診断もしくは助言またはその手段に対して行う診断もしくは助言）等がこれに該当するものであること。

　なお、中小企業診断士の資格を有する者であっても、専ら中小企業診断士の業務以外の業務を行う者は含まれないものであること。

6 専門業務型裁量労働制における手続き

　専門業務型裁量労働制を採用する場合は、就業規則等への記載と労使協定を締結する必要があります。この労使協定の内容は、労働基準法施行規則様式第13号（専門業務型裁量労働制に関する協定届）によって所轄の労働基準監督署に届け出なければなりません。なお、この労使協定は、労働時間等設定改善委員会が設置されている場合においては、その委員の5分の4以上の多数による議決があれば、労使協定に代えることができます。また、労使委員会での決議があれば、同様に労使協定に代えることができます。詳しくは、第2章の「事業場外労働による「みなし労働時間制」」の「22 労使協定に代わる委員会決議」を参照してください。

　労使協定では、次の①から⑦について定めることが必要です。

① 対象業務

② 労働時間としてみなす時間

③ 対象となる業務遂行の手段や方法、時間配分等に関し労働者に具体的な指示をしないこと

④ 対象となる労働者の労働時間の状況に応じて実施する健康・福祉を確保するための措置

⑤ 対象となる労働者からの苦情の処理のため実施する措置

⑥ 協定の有効期間（※3年以内とすることが望ましい。）

⑦ 上記④および⑤に関し労働者ごとに講じた措置の記録を協定の有

効期間及びその期間満了後３年間保存すること

 7　就業規則例

　就業規則の規定例は、以下の通りです。第４項の休憩については、「一斉休憩の適用除外の協定書」があることを想定しています。

【労使協定で採用する場合】

（**専門業務型裁量労働制**）

第○条　第○条（所定労働時間）の規定にかかわらず、会社は、労働基準法第38条の３に基づき、労使協定を締結し、従業員に専門業務型裁量労働制を適用することがある。

2　前項の規定を適用された従業員は、第○条（所定労働時間）の規定にかかわらず、労使協定で定める時間労働したものとみなす。

3　第１項に定める従業員は、第○条（所定労働時間）および第○条（休憩時間）の規定にかかわらず、始業・終業時刻および休憩時間を業務遂行の必要に応じ、自らの裁量により具体的な時間配分を決定することができる。

4　休日は、第○条（休日）の規定によるものとする。

5　第１項に定める従業員が、休日または深夜に労働する場合については、あらかじめ所属長の許可を受けなければならない。

6　前項により、許可を受けて休日または深夜に労働した場合においては、会社は、賃金規程の定めるところにより所定の手当を支払うものとする。

7　専門業務型裁量労働制に関する他の項目は、締結した労使協定を就業規則の一部として当該協定に定める内容による。

【労使委員会の決議で採用する場合】

> （専門業務型裁量労働制）
>
> 第○条　第○条（所定労働時間）の規定にかかわらず、会社は、労働
> 　　基準法第38条の４に基づき、労使委員会の決議により、従業員に専
> 　　門業務型裁量労働制を適用することがある。
>
> 2　前項の規定を適用された従業員は、第○条（所定労働時間）の規
> 　　定にかかわらず、労使委員会の決議で定める時間労働したものとみ
> 　　なす。
>
> 3　第１項に定める従業員は、第○条（所定労働時間）および第○条
> 　　（休憩時間）の規定にかかわらず、始業・終業時刻および休憩時間
> 　　を業務遂行の必要に応じ、自らの裁量により具体的な時間配分を決
> 　　定することができる。
>
> 4　休日は、第○条（休日）の規定によるものとする。
>
> 5　第１項に定める従業員が、休日または深夜に労働する場合につい
> 　　ては、あらかじめ所属長の許可を受けなければならない。
>
> 6　前項により、許可を受けて休日または深夜に労働した場合におい
> 　　ては、会社は、賃金規程の定めるところにより所定の手当を支払う
> 　　ものとする。
>
> 7　専門業務型裁量労働制に関する他の項目は、労使委員会で決議し
> 　　た内容を就業規則の一部として当該協定に定める内容による。

労使協定例

労使協定の記載例は、以下のとおりです。

専門業務型裁量労働制に関する協定書

　〇〇株式会社と従業員代表〇〇〇〇は、労働基準法第38条の３の規定に基づき、専門業務型裁量労働制に関し、次のとおり協定する。

（対象従業員）

第１条　本協定は、次の各号に掲げる従業員（以下「対象従業員」という。）に適用する。

　①　本社研究開発部において新商品または新技術の研究開発の業務に従事する従業員

　②　本社情報システム部において情報処理システムの分析または設計の業務に従事する従業員

（専門業務型裁量労働制の原則）

第２条　対象従業員に対しては、会社は業務遂行の手段および時間配分の決定等につき具体的な指示をしない。

（みなし労働時間）

第３条　対象従業員が、所定労働日に勤務した場合には、就業規則第〇条（所定労働時間）に定める所定労働時間にかかわらず、１日10時間労働したものとみなす。

２　対象従業員の基準内賃金は、１日10時間労働の対価として支給する。なお、１日２時間分の法定時間外労働に対しては、時間外手当として割増賃金（２割５分）分を支給する。

（対象従業員の出勤等の際の手続）

第４条　対象従業員は、出勤した日については、入退室時にＩＤカードによる時刻の記録を行わなければならない。

２　対象従業員が、出張等業務の都合により事業場外で従事する場合には、あらかじめ所属長の承認を得て、これを行わなければならない。所属長の承認を得た場合には、前条に定める労働時間労働したものとみなす。

（対象従業員の健康と福祉の確保）

第5条　対象従業員の健康と福祉を確保するために、次の各号に定める措置を講ずる。

① 　対象従業員の健康状態を把握するために次の措置を実施する。

　a）　所属長は、入退室時のＩＤカードの記録により、対象従業員の出社時刻および、対象従業員の退社時刻が深夜時間帯に及ぶ場合にはその時刻を把握することによりその勤務状況を把握する。

　b）　所属長は1か月に1度、対象従業員の健康状態についてヒアリングによりその健康状態を確認する。

② 　使用者は、前号の結果を取りまとめるとともに、次の措置を実施する。

　a）　定期健康診断とは別に、年1回の健康診断を実施する。

　b）　必要に応じて特別休暇を付与する。

③ 　精神・身体両面の健康についての相談室を本店総務部に設置する。

（裁量労働適用の中止）

第6条　前条の措置の結果、対象従業員に専門業務型裁量労働制を適用することがふさわしくないと認められた場合、使用者は当該従業員に専門業務型裁量労働制を適用しない。

（対象従業員の苦情の処理）

第7条　対象従業員から苦情等があった場合には、次の各号に定める手続きに従い、対応する。

① 　裁量労働制相談室を次のとおり開設する。

　a）　場所　　　本社総務部

　b）　開設日時　毎週　　○曜日　○時から○時

　c）　相談員　　○○

② 　取り扱う苦情の範囲は次のとおりとする。

　a）　裁量労働制の運用に関する全般の事項

　　b)　対象従業員に適用している人事評価制度、およびこれに対応する賃金制度等の処遇制度全般

③　相談者の秘密を厳守し、プライバシーの保護に努める。

（協定の変更）

第8条　協定した時点では予見することができない事情の変化が生じた場合には、有効期間の途中であっても、協定した内容を変更する等のため労使合意の上、見直しを行うことがある。

（勤務状況等の保存）

第9条　使用者は、対象従業員の勤務状況、対象従業員の健康と福祉確保のために講じた措置、対象従業員からの苦情について講じた措置の記録をこの協定の有効期間中および有効期間満了後3年間を経過するときまで保存する。

（裁量労働制の解除）

第10条　会社は、業務の都合により、専門業務型裁量労働制の適用を解除し、対象従業員に対し、就業規則第○条（所定労働時間）の規定による通常勤務を命じることができる。

（有効期間）

第11条　この協定の有効期間は、令和○年○月1日から令和○年○月31日までの3年間とする。

令和○年○月1日

　　　　　　　　　　　　　○○株式会社　代表取締役　○○○○

　　　　　　　　　　　　　従業員代表　　　　　　　　○○○○

【様式第13号(専門業務型裁量労働制に関する協定届)】

様式第13号(第24条の2の2第4項関係)

専門業務型裁量労働制に関する協定届

事業の種類	事業の名称	事業の所在地(電話番号)	
	○○株式会社		~

業務の種類	業務の内容	該当労働者数	1日の所定労働時間	協定で定める労働時間	労働者の健康及び福祉を確保するために講ずる措置	労働者の労働時間の状況の把握方法	労働者からの苦情の処理に関して講ずる措置	協定の有効期間
その他の各種事業								
新商品又は新技術の研究開発の業務	本社研究開発部門において材料・製品・生産工程等の技術的研究又は技術的改善等の業務を行う。	10	8時間	10時間	1か月に1度、所属長が健康状態についてヒアリングを行い、定期健康診断とは別に、年1回の健康診断を実施し、必要に応じて特別休暇等を付与する。(IDカードによる)		通報窓口は、社内相談室に設置。受付担当者は総務課○○、受付日時は毎日9時から17時まで。対応する事項は人事評価、賃金その他労働条件の苦情等を受け付け、解決策等を検討する。実情調査を行い、解決策を労使に報告する。	令和○年○月から令和○年○月まで
情報処理システムの分析又は設計の業務	配属先のシステムについて、入力形式・出力形式・プログラム・機器構成・これらの相互関連を決定の設計の業務。	10	8時間	10時間	同上	同上	同上	令和○年○月から令和○年○月まで

協定の成立年月日 令和○年 ○月 ○日

協定の当事者である労働組合(事業場の労働者の過半数で組織する労働組合)の名称又は労働者の過半数を代表する者の 職名 ○○株式会社 研究開発部研究研究主任 氏名 ○○

協定の当事者(労働者の過半数を代表する者の場合)の選出方法( )

時間外労働に関する協定の届出年月日 令和○年 ○月 ○日

令和○年 ○月 ○日

○○ 労働基準監督署長殿
使用者 職名 ○○株式会社 代表取締役
氏名 ○○

記載心得

1 「業務の内容」の欄には、業務の性質上当該業務の遂行の方法を大幅に当該業務に従事する労働者の裁量に委ねる必要があるため、当該業務の遂行の手段及び時間配分の決定等に関し具体的な指示をしないこととする業務の内容を具体的に記入すること。

2 「労働者の健康及び福祉を確保するために講ずる措置」の欄には、労働基準法第38条の3第1項第4号の把握方法)の欄に記入すること。

3 「労働者からの苦情の処理に関して講ずる措置」の欄には、労働基準法第38条の3第1項第5号に規定する措置の内容を具体的に記入すること。

4 「時間外労働に関する協定の届出年月日」の欄には、当該事業場における時間外労働に関する協定(届出を要しない協定を含む。)を届出た年月日を記入すること。協定で定める。

5 協定については、労働者の過半数で組織する労働組合がある場合においてはその労働組合、労働者の過半数で組織する労働組合がない場合においては労働者の過半数を代表する者と使用者が協定する。なお、労働者の過半数を代表する者は、労働基準法施行規則第6条の2第1項の規定により、労働基準法第41条第2号に規定する監督又は管理の地位にある者でなく、かつ、同法に規定する協定等をする者を選出することを明らかにして実施される投票、挙手等の方法による手続により選出された者であつて、使用者の意向に基づき選出されたものでないこと。これらの要件を満たさない場合には、形式上は労働者の過半数を代表する者と協定を締結していても、当該協定は有効なものとはならないことに留意すること。なお、上記ロのチェックボックスにチェックがない場合には、有効な協定とはならないことに留意すること。

6 本様式をもつて協定とする場合においても、協定の当事者である労使双方の合意があることが、協定上明らかとなるような方法により締結するよう留意すること。

186

Ⅲ　特定高度専門業務・成果型労働制（高度プロフェッショナル制度）

特定高度専門業務・成果型労働制（高度プロフェッショナル制度）とは？

　特定高度専門業務・成果型労働制（高度プロフェッショナル制度）は、高度な専門的知識等を有し、職務の範囲が明確で一定の年収要件を満たす労働者を対象とした制度で、労働基準法に定められた労働時間、休憩、休日および深夜の割増賃金に関する規定を適用しない制度です。年収要件等を考えるとまだまだ導入しづらい制度ですので、ここでは概略だけ記載します。

　特定高度専門業務・成果型労働制（高度プロフェッショナル制度）を採用するには、労使委員会の決議が必要であり、必ず労働者本人の同意が必要であり、毎年本人から同意の再確認が必要です。また、年間104日以上の休日確保措置や健康管理時間の状況に応じた健康・福祉確保措置等を講ずることなどが必要となっています。

　対象となる労働者は、以下の要件を満たすことが必要です。

① 　会社との間の合意に基づき職務が明確に定められていること

　　会社は、次の1.～3.の内容を明らかにした書面に労働者の署名を受けることにより、職務の範囲について労働者の合意を得なければならない。

　　1.業務の内容、2.責任の程度、3.求められる成果

② 　会社から確実に支払われると見込まれる1年間当たりの賃金の額

対象業務	具体的な内容	対象外の業務の例
金融商品の開発	金融工学等の知識を用いて行う金融商品の開発の業務	データ入力のみ
ディーリング	資産運用（指図を含む。以下同じ。）の業務または有価証券の売買その他の取引の業務のうち、投資判断に基づく資産運用の業務、投資判断に基づく資産運用として行う有価証券の売買その他の取引の業務または投資判断に基づき自己の計算において行う有価証券の売買その他の取引の業務	顧客の注文取次ぎ
アナリスト	有価証券市場における相場等の動向または有価証券の価値等の分析、評価またはこれに基づく投資に関する助言の業務	一定の時間を設定した相談
コンサルタント	顧客の事業の運営に関する重要な事項についての調査または分析およびこれに基づく当該事項に関する考案または助言の業務	個人顧客を対象にした助言
研究開発	新たな技術、商品または役務の研究開発の業務	会社が作業工程などを指示

（年収）が少なくとも1,075万円以上であること

※年収1,000万円以上は、管理職を含めても働く人全体の約3％しかいません。ただし、年収は、今後省令により変更が可能です。

③ 対象労働者は、対象業務に常態として従事していることが原則であり、対象業務以外の業務にも常態として従事している者は対象労働者とはならないこと

　対象となる業務は、業務に従事する時間に関し会社から具体的な指示を受けて行うものではない次に掲げる業務となっています。

　また、健康確保措置として、健康管理時間の把握や年間104日以上の休日確保措置が義務となっており、加えて、①11時間以上の勤務間インターバルの確保と１か月に４回以内の深夜業の回数制限、②健康管理時間の上限措置、③１年に１回以上の連続２週間の休日の確保、④臨時の健康診断のいずれかの措置の実施が義務となっています。

　さらに、健康管理時間の状況に応じた健康・福祉確保措置として、医師による面接指導等を行わなわなければなりません。

　特定高度専門業務・成果型労働制（高度プロフェッショナル制度）を導入するすべての事業所に対して、労働基準監督署が立入り調査を行い、法の趣旨に基づき、適用可否をきめ細かく確認し、必要な監督指導を行うことにもなっています。

労働基準法

第41条の２　賃金、労働時間その他の当該事業場における労働条件に関する事項を調査審議し、事業主に対し当該事項について意見を述べることを目的とする委員会（使用者及び当該事業場の労働者を代表する者を構成員とするものに限る。）が設置された事業場において、当該委員会がその委員の５分の４以上の多数による議決により次に掲げる事項に関する決議をし、かつ、使用者が、厚生労働省令で定めるところにより当該決議を行政官庁に届け出た場合において、第２号に掲げる労働者の範囲に属する労働者（以下この項において「対象労働者」という。）であつて書面その他の厚生労働省令で定める方法によりその同意を得たものを当該事業場における第１号に掲げる業務に就かせたときは、この章で定める労働時間、休憩、休日及び深夜の割増賃金に関する規定は、対象労働者については適用しない。ただし、第３号から第５号までに規定する措置のいずれかを使用者が講じていない場

合は、この限りでない。

一　高度の専門的知識等を必要とし、その性質上従事した時間と従事して得た成果との関連性が通常高くないと認められるものとして厚生労働省令で定める業務のうち、労働者に就かせることとする業務（以下この項において「対象業務」という。）

二　この項の規定により労働する期間において次のいずれにも該当する労働者であって、対象業務に就かせようとするものの範囲

　　イ　使用者との間の書面その他の厚生労働省令で定める方法による合意に基づき職務が明確に定められていること。

　　ロ　労働契約により使用者から支払われると見込まれる賃金の額を１年間当たりの賃金の額に換算した額が基準年間平均給与額（厚生労働省において作成する毎月勤労統計における毎月きまって支給する給与の額を基礎として厚生労働省令で定めるところにより算定した労働者１人当たりの給与の平均額をいう。）の３倍の額を相当程度上回る水準として厚生労働省令で定める額以上であること。

三　対象業務に従事する対象労働者の健康管理を行うために当該対象労働者が事業場内にいた時間（この項の委員会が厚生労働省令で定める労働時間以外の時間を除くことを決議したときは、当該決議に係る時間を除いた時間）と事業場外において労働した時間との合計の時間（第５号ロ及びニ並びに第６号において「健康管理時間」という。）を把握する措置（厚生労働省令で定める方法に限る。）を当該決議で定めるところにより使用者が講ずること。

四　対象業務に従事する対象労働者に対し、１年間を通じ104日以上、かつ、４週間を通じ４日以上の休日を当該決議及び就業規則その他これに準ずるもので定めるところにより使用者が与えること。

五　対象業務に従事する対象労働者に対し、次のいずれかに該当する措置を当該決議及び就業規則その他これに準ずるもので定めるところにより使用者が講ずること。

　　イ　労働者ごとに始業から24時間を経過するまでに厚生労働省令で
　　　定める時間以上の継続した休息時間を確保し、かつ、第37条第4
　　　項に規定する時刻の間において労働させる回数を1箇月について
　　　厚生労働省令で定める回数以内とすること。

　　ロ　健康管理時間を1箇月又は3箇月についてそれぞれ厚生労働省
　　　令で定める時間を超えない範囲内とすること。

　　ハ　1年に1回以上の継続した2週間（労働者が請求した場合にお
　　　いては、1年に2回以上の継続した1週間）（使用者が当該期間
　　　において、第39条の規定による有給休暇を与えたときは、当該有
　　　給休暇を与えた日を除く。）について、休日を与えること。

　　ニ　健康管理時間の状況その他の事項が労働者の健康の保持を考慮
　　　して厚生労働省令で定める要件に該当する労働者に健康診断（厚
　　　生労働省令で定める項目を含むものに限る。）を実施すること。

　六　対象業務に従事する対象労働者の健康管理時間の状況に応じた当
　　該対象労働者の健康及び福祉を確保するための措置であって、当該
　　対象労働者に対する有給休暇(第39条の規定による有給休暇を除く。)
　　の付与、健康診断の実施その他の厚生労働省令で定める措置のうち
　　当該決議で定めるものを使用者が講ずること。

　七　対象労働者のこの項の規定による同意の撤回に関する手続き

　八　対象業務に従事する対象労働者からの苦情の処理に関する措置を
　　当該決議で定めるところにより使用者が講ずること。

　九　使用者は、この項の規定による同意をしなかった対象労働者に対
　　して解雇その他不利益な取扱いをしてはならないこと。

　十　前各号に掲げるもののほか、厚生労働省令で定める事項

2　前項の規定による届出をした使用者は、厚生労働省令で定めるとこ
　ろにより、同項第4号から第6号までに規定する措置の実施状況を行
　政官庁に報告しなければならない。

（3〜5略）

第5章
リモートワークによって求められるルール作り

多様な働き方を認める。
それが本当の働き方改革

ハイブリッド型

　ＩＴ系企業では全面的にリモートワークを導入する企業も増えていますが、逆に全面的に出社勤務のリアルな働き方に戻した企業も多くあります。全面的にリモートワークを導入するのは難しく、かと言ってこのままリモートワークを止め、全面的に出社勤務のリアルな働き方に戻していいのかためらうという企業は多いのではないでしょうか。

　出社勤務のリアルな働き方とリモートワークを柔軟に使い分け、それぞれの強みを融合したハイブリッド型は、どうでしょうか？　ハイブリッド型は自社に対する満足度が、全面的にリモートワークに移行した企業や出社勤務のリアルな働き方に戻した企業よりも高くなっています。私が最もお勧めする働き方です。

　出社勤務のリアルな働き方には、リモートワークでの働き方にはない良さがあります。また逆に、リモートワークでの働き方には、出社勤務のリアルな働き方にはない良さもあります。例えば、微妙な感情を交えたコミュニケーションは、face to 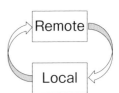 face、出社し実際に面と向かって言葉を交わさないと分からないときがありますし、静かに考え、集中して仕事をしたいときは、逆にリモートワークのほうが適しているときもあります。

　出社勤務のリアルな働き方を中心に、リモートワークでの働き方も選択できる、そんな企業が望まれています。

これからリモートワークを始めたいと思っている企業は

　まずは、対象者を限定し、週１日から始めてみると良いでしょう。１日であれば、仕事に特に影響は出ないものと思います。１日出張に出たと思えば、良いのです。慣れてきたら、週２回に増やしてみると良いでしょう。ただ、それ以上となると、本人も不安になるかもしれませんので、やめたほうが良いかもしれません。もちろん、慣れてくれば別です。１週間ずっとリモートワークということもあり得ます。

　リモートワークはコミュニケーションが不足すると言われていますが、週１日や２日であればコミュニケーションがとれないということはあり得ません。出社勤務時に意識的にコミュニケーションをとるようになり、逆にコミュニケーションが密になったという報告もあります。とりあえず、まずは週１日から始めてみると良いでしょう。

リモートワークを認める回数

　ハイブリット型にした場合、リモートワークをどの程度認めれば良いか悩むところです。よく質問される内容でもあります。回数は会社によってまちまちです。週何回までとか、月何回かから、完全にリモートワークへ移行している企業もありますが、先述した通り、やはり出社勤務との併合、ハイブリッド型が良いでしょう。

　いろいろなアンケート結果をみると、「リモートワークをどの程度の頻度でやると良いと思うか？」という質問に対して、「週１〜２回」という回答が一番多く寄せられています。

リモートワークを導入した当初は、週1〜2回でも良いでしょうが、私は週何回とか何曜日とか、月何回とかと制約すべきではないと考えています。仕事内容によって考えるべきでしょうし、本人がリモートワークを行いたい日に認めるべきです。それが一番効率良く仕事ができるのではないでしょうか。リモートワークに向かない仕事には週1日でも必要ないでしょうし、静かに誰からも邪魔されずにしないと進まない仕事であれば、週全日必要ということもあるでしょう。仕事にはいろいろあるのです。その仕事の内容を考え、本人からの申請により、上司が承認する。リモートワークを制約なく認めるのが、やはり働きやすい制度となるのではないでしょうか。リモートワークを何日までと決めず、社員本人に任せることが必要です。

4 リモートワーク利用対象者・利用条件の設定

　リモートワークは全員に対して平等に利用できるようにしなければならないでしょうか？　そんなことはありません。全員に平等に利用させる必要はありません。一定以上の評価のある社員だけ、自己管理できると上司が評価した社員だけというのでも構いません。一定以上の評価がない社員、明らかに自己管理を苦手とする社員は、会社に出社勤務させ、会社が管理するということでも構わないのです。リモートワークを認める対象をどうするか、利用対象者、利用条件の設定が必要です。育児や介護といった「理由」だけを基準にすべきではなく、リモートワークを利用したほうが労働生産性が上がるような「社員」や、「業務内容」によりリモートワークをしたほうが労働生産性が上がると認められるものを検討してみてください。全社員対象と安易に対象者を広げるのではなく、適性や業務内容で考えてみることが重要です。このとき、パート社員や有期契約社員であることのみを理由と

して、一律にリモートワークを認めないのは、政府が求めている「雇用形態に関わらない公正な待遇の確保」の趣旨に反しますので、そのようなことがないようにしてください。

　働き方の多様性が求められている時代です。それぞれの社員の特性に合った労働時間管理をすればいいのです。全員一律にリモートワークを導入する必要はありません。出社勤務し、会社や上司が時間管理をする社員がいる一方で、リモートワークを活用している社員がいてもいいのです。さらに言えば、リモートワークを活用はしているが、時間管理を行っている社員がいてもいいのです。働き方改革は、働き方の多様性を求めているのです。

 # 実際の就業場所

　リモートワークには場所の制約がありませんが、実際に仕事をする場所と言えば、まず最初に思い浮かぶのは自宅でしょうか。しかし、最近はカフェでも仕事できます。Wi-Fiや電源を取るためのコンセントまで備え付けてあります。「カフェでコーヒーを飲みながら、ゆっくり仕事をして、ついでに食事も……」と集客しています。また、会社がサテライトオフィスを持っていなくても、いまやシェアオフィスやコワーキングスペース、はたまたエキナカにも分単位で借りられるオフィスもあります。自宅での仕事環境が整っていなかったり、狭くて仕事をするスペースがない、家族が気になって仕事ができないといったニーズに応えるべく、ホテルやカラオケボックスとさまざまな場所で、リモートワークが可能です。

　中には、車の中で仕事をするというのもあります。車の中で仕事ができるようになっている移動型の事務所は、以前から建設現場等では使用されていました。

どこにでも好きなところに行って、リモートワークで仕事をして帰る。ちょっと遠出して、自然の中のキャンプ場で仕事。思った以上に仕事がはかどることでしょう。そもそも現在では観光地で仕事をしながら息抜きもするワーケーションも人気です。

最近の観光地では無料でWi-Fiに接続できるところが多くなっています。ただ、無料でWi-Fiに接続できるところはWi-Fi経由で企業や個人の情報が盗まれることもよくあります。リモートワークで無料のWi-Fiに接続する場合は、少なくともパスワード設定等のある信頼できるもの以外は使用すべきではありませんし、セキュリティ対策を万全とする必要はあります。社員は、リモートワークをしているからこその自己責任と考えるべきです。

リモートワークは場所の制約がないものであり、仕事をするための特定の場所というのは存在しません。大事なことは、本人の労働生産性の上がるところであれば、どこでも良いということです。ただし、実際にどこで仕事をしているのか、仕事をするのかあらかじめ会社に報告してもらうことは必要です。労災事故の補償に関わることでもありますので、明確にしてもらってください。リモートワークの大事なことは社員本人に仕事のやり方を任せることではありますが、無制限に自由がある訳ではありません。この点を理解することが大事です。

 # ワーケーション

ワーケーションとは、ワーク（仕事）とバケーション（休暇）を組み合わせた造語です。

ワーケーションの定義はあいまいですが、景勝地や観光地などで休暇を楽しみながら、リモートワークで働くというものです。アメリカで2000年代くらいから広がりました。景勝地や観光地などではリモー

トワークできるよう環境整備も進んでいます。企業によっては、出張先でも休暇が取れるようにしているところもあり、社員からすると交通費を負担しないで済みます。

　日本では2017年和歌山県が取組みを始めたことをきっかけに、長野県や鳥取県など各地にも広がりを見せており、目を外に向ければ、世界中の国や地域でワーケーションを受け入れており、リモートワークでの勤務者向けにビザ（査証）を発給する動きも広がっています。

　ワーケーションは、実験結果から、生産性・心身の健康にポジティブな効果があることが分かっています。2020年7月に、NTTデータ経営研究所、JTB、JALが、ワーケーションの効果検証実験を実施し、結果を三社合同で次のように発表しています。

ワーケーションの効果検証実験結果のポイント

　ワーケーションは、

---

① 経験することで、仕事とプライベートの切り分けが促進される

② 情動的な組織コミットメント（所属意識）を向上させる

③ 実施中に仕事のパフォーマンスが参加前と比べて20％程度上がるだけでなく、終了後も5日間は効果が持続する

④ 心身のストレス反応の低減（参加前と比べて37％程度）と持続に効果がある

⑤ 活動量（運動量）の増加に効果がある（歩数が参加前と比べて2倍程度増加）

　ワーケーションは、仕事とプライベートが曖昧になりそうですが、この結果発表では「ワーケーションの経験を通し、公私を分離する志向が促進されたことが示唆されます。ワーケーションは、表面的に見ると公私が混じり合う取組みながら、むしろ逆の結果（仕事とプライ

ベートのメリハリがつくようになる）となることが分かったという点で新しい発見です。」としています。

　また、ワーケーションを許可してくれた会社に対する帰属意識が高まっているのもポイントです。この結果発表では「ワーケーション期間中に、情動的な組織コミットメントが上昇し、期間終了後もその上昇が維持されました。情動的なコミットメントはワークエンゲイジメントと高い相関を示しており、ワーケーションが、従業員の会社に対する情動的な愛着や帰属意識を促進し、結果的にパフォーマンス向上にも寄与することが期待されます。また、開始時に一時的に規範的コミットメントが上昇しており、「ワーケーションを許可してくれた会社に対する規範的な帰属意識」が反映されたことを示唆するものです。」としています。

7 中抜け時間 「仕事の切替え ON と OFF」

　リモートワークにおけるルールに関し、よく「中抜け時間を認めるべきかどうか」と聞かれますが、特にリモートワークを自宅で行う場合は、何かしらの中抜けの時間が必要になることでしょう。自宅にいれば、郵便や宅配便への対応、子供や親の世話などさまざまな対応があり、対応しないというほうが難しいのではないでしょうか？　自宅というプライベートな空間で業務を遂行しているのであれば、「中抜け禁止」としたところで、無理な話です。そうであれば、最初から「中抜け」を認めるべきではないでしょうか？　リモートワークにおいては、中抜けも自由としておいたほうが、使い勝手が良くなります。とりわけ、事業場外労働による「みなし労働時間制」や企画業務型裁量労働制等は、本人の裁量である以上「中抜け」も当然に本人の裁量に任せるべきです。

　中抜け時間は、事前に申告してもらうも良し、事後の報告でも良いと思います。ただ、事前に申告し、自分の中抜け時間の情報をオープンにしておくと、会社や上司も対応しやすいでしょう。この辺は、ルールとしてどのように作るかです。

　例えば、ある社員が8:00から12:00まで就業し、12:00から15:00までは中抜けしたとします。その後15:00から18:00まで就業すれば、合計6時間労働したことになります。労働時間の記録は、自己申告で行いますので、リモートワークをしたその日の労働時間を、その日の翌日など終了後に報告してもらい記録していきます。自己申告について先述のとおり、労働者の自己申告だけで労働時間を管理しても問題ない旨が「テレワークの適切な導入及び実施の推進のためのガイドライン（令和3年3月25日公表）」でも明確になっています。

　「中抜け」という単語は、政府も使用していますが、だいたい、「中抜け」という単語自体が問題かもしれません。「仕事のオンとオフの切替え」と考えても良

いのではないでしょうか？　新型コロナウイルス感染症が流行するより前、リアルに出社していたときは、「ちょっと、一服」なんてことがよくありました。それこそ、いまの部長や取締役世代です。これ明らかに「中抜け」です。しかし、多くは何のお咎めもなく、「中抜け」していました。もちろん、「ちょっとひと休み」は仕事をする上では大事なことであり、リフレッシュする時間がなければ、仕事もはかどらずミスも多くなってしまいます。

　ただ、例えばドイツでは「ちょっと、一服」は休憩時間であり、一服するために一度タイムカードを打刻して（いまならICでしょうが）タバコを吸いに出て、改めてタイムカードを打刻して席に戻っています。「中抜け」した休憩時間と労働時間を明確に分けているのです。日本は、そんなメリハリのある労働時間管理をしていませんでした。

それがリモートワークとなった途端に「中抜け」時間を目の敵のように
して……。いまの部長や取締役世代に言いたいですね。「あなたの
タバコ吸っていた、あの中抜け時間はどうだったんだ！」と。

　業務の遂行をちょっとオフにして、育児や介護、そして家庭のこと
を済ませた後、改めてオンに切替える、そんな仕事のオンとオフ機能
が仕事にも必要です。

8 リモートワークに要する費用負担

　リモートワークに伴い、社員が個人的に契約しているスマートフォ
ンやノートパソコン等を使用して業務の遂行をする場合、通話料や通
信費用が通常かかる費用よりも当然高くなります。在宅勤務等の場合
は、さらに自宅の電気料金等も高くなってしまいます。この高くなっ
た通話料や通信費用、電気料金等をどうするのか、誰が負担するのか、
ここは明確にしておく必要があります。

　労働基準法では「労働者に食費、作業用品その他の負担をさせる定
めをする場合においては、これに関する事項」を就業規則に規定する
ことになっています。また、労働契約締結時にも「労働者に負担させ
る食費、作業用品その他に関する事項」を明示する必要があります。

　高くなった通話料や通信費用、電気料金等を社員本人の負担とする
ことは可能ですが、賃金から支払うことを考えれば、実質賃金の引下
げともなってきます。好ましいことではありませんし、社員の同意が
必要です。

　このため、多くの企業では「在宅勤務手当」や「リモートワーク手
当」、「wife手当」等として会社負担としています。手当の額は企業
により月額で1,000円から30,000円までとさまざまです。これは全面的
にリモートワークを導入しているところと、ハイブリット型とでも当

然違っています。「リモートワーク１日につき〇円」という企業もあ
ります。

　この手当は企業にとって、新たな費用負担となるのかというと、そ
うでもありません。リモートワークとなれば、通勤回数が減ったり、
通勤そのものがなくなったりしますので、通勤手当として毎月定額で
支払っていた定期代やガソリン代が不要となっていきます。通勤手当
の減額となった部分や不要となった部分を、「在宅勤務手当」や「リモー
トワーク手当」、「wife 手当」等とすれば、新たな費用負担とはなら
ないはずです。遠方から通勤していた社員が多い企業などは、場合に
よっては費用負担が減ることもあり得ます。実際の通勤に伴う費用の
支払いは通勤手当とせず、出社日数に応じた交通費を支給します。

　また、実務的には難しいですが、実費精算ということも考えられま
す。通話料や通信費用、電気料金等業務の遂行に実際かかったであろ
う金額を在宅勤務等の実態（勤務時間等）を踏まえて合理的・客観的
に計算し、支給します。この場合は、「在宅勤務手当」や「リモートワー
ク手当」、「wife 手当」等と違い、賃金として課税する必要はありま
せん。この実費精算等に関する源泉所得税の課税関係については、国
税庁が作成した「在宅勤務に係る費用負担等に関する FAQ（源泉所
得税関係)」（令和３年１月）を参照してください。

**【テレワークの適切な導入及び実施の推進のためのガイドライン（令和３
年３月25日公表)】以下、一部抜粋**

　4　労務管理上の留意点
　　(2)　テレワークに要する費用負担の取扱い
　　　テレワークを行うことによって労働者に過度の負担が生じること
　　は望ましくない。個々の企業ごとの業務内容、物品の貸与状況等に
　　より、費用負担の取扱いは様々であるため、労使のどちらがどのよ
　　うに負担するか、また、使用者が負担する場合における限度額、労

働者が使用者に費用を請求する場合の請求方法等については、あらかじめ労使で十分に話し合い、企業ごとの状況に応じたルールを定め、就業規則等において規定しておくことが望ましい。特に、労働者に情報通信機器、作業用品その他の負担をさせる定めをする場合には、当該事項について就業規則に規定しなければならないこととされている（労働基準法（昭和22 年法律第49 号）第89 条第5 号）。

在宅勤務に伴い、労働者個人が契約した電話回線等を用いて業務を行わせる場合、通話料、インターネット利用料などの通信費が増加する場合や、労働者の自宅の電気料金等が増加する場合、実際の費用のうち業務に要した実費の金額を在宅勤務の実態(勤務時間等)を踏まえて合理的・客観的に計算し、支給することも考えられる。

なお、在宅勤務に係る費用負担等に関する源泉所得税の課税関係については、国税庁が作成した「在宅勤務に係る費用負担等に関するFAQ（源泉所得税関係）」（令和3 年1 月15 日）を参照されたい。

「在宅勤務に係る費用負担等に関するFAQ（源泉所得税関係）」（令和3年1月（令和3年4月30日更新））以下、一部抜粋

3　業務使用部分の精算方法

〔問3〕　在宅勤務に通常必要な費用を精算する方法による場合は、従業員に対する給与として課税する必要がないとのことですが、その方法とはどのようなものですか。

〔答〕

在宅勤務手当としてではなく、企業が在宅勤務に通常必要な費用を精算する方法により従業員に対して支給する一定の金銭については、従業員に対する給与として課税する必要はありません。

この方法としては、次の方法が考えられます。

①　従業員へ貸与する事務用品等の購入（注1）

イ　企業が従業員に対して、在宅勤務に通常必要な費用として金銭を仮払いした後、従業員が業務のために使用する事務用品等を購入し、

その領収証等を企業に提出してその購入費用を精算（仮払金額が購入費用を超過する場合には、その超過部分を企業に返還（注2））する方法

ロ　従業員が業務のために使用する事務用品等を立替払いにより購入した後、その購入に係る領収証等を企業に提出してその購入費用を精算（購入費用を企業から受領）する方法

② 通信費・電気料金

イ　企業が従業員に対して、在宅勤務に通常必要な費用として金銭を仮払いした後、従業員が家事部分を含めて負担した通信費や電気料金について、業務のために使用した部分を合理的に計算し（【問4】、【問5】及び【問6】参照）、その計算した金額を企業に報告してその精算をする（仮払金額が業務に使用した部分の金額を超過する場合、その超過部分を企業に返還する（注2））方法

ロ　従業員が家事部分を含めて負担した通信費や電気料金について、業務のために使用した部分を合理的に計算し（【問4】、【問5】及び【問6】参照）、その計算した金額を企業に報告してその精算をする（業務のために使用した部分の金額を受領する）方法

（注）1　①の事務用品等については、企業がその所有権を有し従業員に貸与するものを前提としています。事務用品等を従業員に貸与するのではなく支給する場合（事務用品等の所有権が従業員に移転する場合）には、従業員に対する現物給与　として課税する必要があります（【問2】参照）。

2　企業が従業員に支給した金銭のうち、購入費用や業務に使用した部分の金額を超過した部分を従業員が企業に返還しなかったとしても、その購入費用や業務に使用した部分の金額については従業員に対する給与として課税する必要はありませんが、その超過部分は従業員に対する給与として課税する必要があります。

（作成及び届出の義務）

第89条　常時10人以上の労働者を使用する使用者は、次に掲げる事項について就業規則を作成し、行政官庁に届け出なければならない。次に掲げる事項を変更した場合においても、同様とする。

1. 始業及び終業の時刻、休憩時間、休日、休暇並びに労働者を二組以上に分けて交替に就業させる場合においては就業時転換に関する事項

（2.〜4.略）

5. 労働者に食費、作業用品その他の負担をさせる定めをする場合においては、これに関する事項

6. 安全及び衛生に関する定めをする場合においては、これに関する事項

（7.〜9.略）

10. 前各号に掲げるもののほか、当該事業場の労働者のすべてに適用される定めをする場合においては、これに関する事項

9 労働契約書

　労働契約を結ぶに当たり、会社は労働者に労働条件を書面、もしくは本人が希望した場合は電子メール等に添付し書面化できるもので明示しなければなりません。違反した場合は、10万円以下の罰金となっています。

　この書面等で明示すべき事項の中に「就業の場所、従事すべき業務に関する事項」がありますので、中途採用等で採用後すぐにでもリモートワークを行う場合は、就業の場所として、自宅やサテライトオフィス、本人の希望の場所、会社が許可する場所などを加えておく必要が

あります。新卒採用で、すぐにリモートワークを行うことがないような場合は、不要です。「就業の場所、従事すべき業務に関する事項」については、「雇入れ直後の就業の場所及び従事すべき業務を明示すれば足りる」としています。もちろん、「将来の就業場所や従事させる業務を併せ網羅的に明示すること」も構いません。

　また、書面等で明示すべき事項の中に「始業及び終業の時刻、所定労働時間を超える労働の有無、休憩時間、休日、休暇等」もありますので、事業場外労働による「みなし労働時間制」についての明示は、新卒採用等で、すぐにリモートワークを行うことがないような場合でも、明示しておく必要があります。ただし、明示する内容が膨大なものとなる場合においては、「所定労働時間を超える労働の有無以外の事項については、勤務の種類ごとの始業及び終業の時刻、休日等に関する考え方を示した上、当該労働者に適用される就業規則上の関係条項名を網羅的に示すことで足りる。」とされています。

労働基準法

第15条　使用者は、労働契約の締結に際し、労働者に対して賃金、労働時間その他の労働条件を明示しなければならない。この場合において、賃金及び労働時間に関する事項その他の厚生労働省令で定める事項については、厚生労働省令で定める方法により明示しなければならない。

労働基準法施行規則

第5条　使用者が法第15条第1項前段の規定により労働者に対して明示しなければならない労働条件は、次に掲げるものとする。ただし、第1号の2に掲げる事項については期間の定めのある労働契約であつて当該労働契約の期間の満了後に当該労働契約を更新する場合があるものの締結の場合に限り、第4号の2から第11号までに掲げる事項につ

いては使用者がこれらに関する定めをしない場合においては、この限りでない。

1．労働契約の期間に関する事項

1の2．期間の定めのある労働契約を更新する場合の基準に関する事項

1の3．就業の場所及び従事すべき業務に関する事項

2．始業及び終業の時刻、所定労働時間を超える労働の有無、休憩時間、休日、休暇並びに労働者を二組以上に分けて就業させる場合における就業時転換に関する事項

（3.～5.略）

6．労働者に負担させるべき食費、作業用品その他に関する事項

7．安全及び衛生に関する事項

（8.～11.略）

（2．3．略）

4　法第15条第1項後段の厚生労働省令で定める方法は、労働者に対する前項に規定する事項が明らかとなる書面の交付とする。ただし、当該労働者が同項に規定する事項が明らかとなる次のいずれかの方法によることを希望した場合には、当該方法とすることができる。

1．ファクシミリを利用してする送信の方法

2．電子メールその他のその受信をする者を特定して情報を伝達するために用いられる電気通信（電気通信事業法）第2条第1号に規定する電気通信をいう。以下この号において「電子メール等」という。）の送信の方法（当該労働者が当該電子メール等の記録を出力することにより書面を作成することができるものに限る。）

通　　達

（労働条件の明示（法第15条第１項関係））

3　書面の交付により明示すべき事項

　使用者が労働契約の締結の際に書面により明示すべき事項として、次の事項を追加したものであること。

(1)　略

(2)　就業の場所及び従事すべき業務に関する事項

　　雇入れ直後の就業の場所及び従事すべき業務を明示すれば足りるものであるが、将来の就業場所や従事させる業務を併せ網羅的に明示することは差し支えないこと。

(3)(4)　略

4　書面明示の方法

　上記３の書面の様式は自由であること。

　なお、上記に掲げた事項については、当該労働者に適用する部分を明確にして就業規則を労働契約の締結の際に交付することとしても差し支えないこと。

（平成11年１月29日　基発45号）

在宅勤務は「勤務する場所も家庭も同じ場所」であることを理解する

　リモートワークを導入し、自宅で勤務をすれば、キッチンやリビングで勉強している子供の近くで一緒に仕事をする機会が増えるかもしれません。子供にとって、普段の親とは違った一面を垣間見ることにもなりますし、親が集中して仕事に取り組む姿を見せることは、大いにプラスになります。大人の社会を見せることにもなりますし、知らない言葉もたくさん登場します。社会科の教科書に出てくるような言葉がリアルに使われ、ニュースが報じていた言葉が飛び出し、それだ

けでも十分に勉強になることでしょう。

　そんな仕事中に、子供から「それって、どういう意味なの？」と聞かれたらどうしますか？「いま、仕事だから後にして！」と答えますか？　もちろん、急ぎの仕事だったり、集中しているときは、それも致し方ないでしょう。でも、あとで「さっきの意味はね、……」と答えようとしても「もういいや」とか、もう興味は失っていますから「ふーん」で終わり、右から左に流れてしまうだけで、きっと頭にも入っていないことでしょう。子供が知りたいときを逃がしてしまえば、子供はもう興味を失ってしまいます。そんな一瞬の出来事かもしれませんが、親がきちんと答えてくれれば、その答えは子供にとってずっと残っていくことでしょう。いくら仕事だからといって、親として子供との大事な時間を失ってもいいのでしょうか？

　会社にとって、仕事は大事ですが、親である社員にとっては子供との時間も大事です。その両立を図ることが、家庭生活とのバランスをとることがとても重要です。

　オンラインでの会議や打ち合わせの最中、「子供が突然おもちゃを持って乱入してきて、失笑を買ってしまった」とか、「親から突然「ごはんよ！」と声を掛けられ赤面した」ということをよく聞きます。微笑ましい場面ですが、当人からすると顔から火が出るようなことなのでしょう。「打ち合わせ中は、部屋に鍵をかけています」とか、「自宅の車の中に入って会議や打ち合わせをしています」と、対処方法もいろいろです。

　しかし、在宅で勤務していれば、子供が、親が、は当然あり得る話です。日本では会社の顔と家庭の顔と２つの顔を持つ社員が多く存在

します。そこまで区別を付けなければいけないのでしょうか？　「会社の顔と家庭の顔は、違って当然だ」という人もいます。「違って当然」という「当然」は、いつからの話なのでしょうか？　通勤してのリアルな出社勤務と家庭と別々な場所でのときは、それも可能かもしれませんが、在宅での勤務は、勤務する場所も家庭も同じ場所です。会社の顔と家庭の顔と２つの顔を持つこと自体に無理があるのではないでしょうか？　社会や企業は、もっと大らかに対応してもいいのではないでしょうか？

　オンラインでの会議や打合せに、子供がおもちゃを持って乱入しても、親から突然「ごはんよ！」と声を掛けられても、それを許容する企業や組織、そして上司や同僚であってほしいと思います。オンライン会議中、子供が突然おもちゃを持って乱入してきたら、いっとき会議を中断して、子供の話をする。親から突然「ごはんよ！」と声を掛けられたら、「今日の夕飯は何ですか？」と、夕飯の話に花を咲かす。リモートワークは、リアルな出社勤務のときよりもコミュニケーションが不足します。そんなコミュニケーション不足の解消にもなるのではないでしょうか？

　もちろん、企業秘密に関する会議や打ち合わせなど特別なものは別です。家族に知られることが問題である場合もあります。そのようなときは、事前に子供や家族によく話をし、別の部屋などへ移動するのが基本です。子供は素直なので親から聞いた言葉を学校でついしゃべってしまい、秘密保持義務違反になってしまう可能性もあります。現実に過去、親が家庭でしゃべっていた内容を子供が学校で話し、それを聞いたほかの子供がその子供の家で話をして、企業秘密が漏えいしたという事件もありました。そこは大いに気をつけなければならないところです。子供にはこれから始まる会議や打合せがどのようなものなのか話して聞かせることや、別の部屋に移動できないときは、聞いていてもいいけど、静かにしていてほしいこと、邪魔をしてはいけ

ないこと、友達や学校でしゃべってはいけないことなどをきちんと説明しておくことも大事でしょう。これもまた、子供には勉強になることです。

　在宅での勤務は、勤務する場所も家庭も同じ場所です。これからは、会社に家庭が入り込んでもそこは許容すべき、いや大いに歓迎すべきことと、社会や企業の考えを変える必要があるのではないでしょうか？　そのほうが、心の調和もとれるように思います。

11 新入社員や中途採用の社員

　リモートワークは会社内である程度コミュニケーションが取れている関係の中で行うのが望ましいでしょう。このため、新入社員や中途採用の社員など入社履歴が浅い社員は、社内でのネットワークや信頼関係を築き上げていないので、最初

face to face

のうちは出社勤務を原則として、会社の文化や慣習、そして空気感を知ってもらうことが大切です。新しい人間関係を築き上げるためには、ある程度出社勤務し face to face、対面による関係作りは必要だろうと思います。採用当初からすべてリモートワークという会社もありますが、多くの人は、オンラインで人の感情をつかむ訓練を受けてはいません。人類が生まれてこの方、平面２次元の世界で、お互いの意思疎通をやり取りすることはなかったのです。平面２次元の世界で、お互いの意思疎通をやり取りするようになったのは、新型コロナウイルス感染症の拡大防止対策により、多くの人類が初めての体験でした。

12 派遣社員とリモートワーク

　もしも派遣社員や派遣会社からリモートワークを求められた場合、会社は認める必要があるのでしょうか？　派遣社員は自社の社員ではなく、派遣会社の社員ですから、派遣社員や派遣会社からリモートワークを求められたとしても拒むことはできます。派遣会社（派遣元）と労働者派遣契約を締結するときには、会社（派遣先）の場所だけでなく、具体的な派遣就業の場所を記載するとともに、所属する組織単位などについても記載することになっています。このため、派遣社員を具体的な派遣就業の場所以外で就業させることは、逆にできないのです。

　ただ、リモートワークを認めることにより派遣社員の労働生産性が上がるのであれば、会社内である必要もまたありません。もしも派遣会社から派遣社員のリモートワークを求められたときには、派遣社員の「従事する業務の内容」がリモートワークによって労働生産性が上がるかどうかで認めるかどうかを判断すれば良いでしょう。派遣社員であることのみを理由として、一律にリモートワークを認めないのは、「雇用形態に関わらない公正な待遇の確保」の趣旨に反します。

　派遣社員のリモートワークを認める場合は、労働者派遣契約の「就業の場所」には、次のように記載します。

就業の場所：○○株式会社本社　○○部○○課○○係（〒…−…　○○県・・・・・TEL・・・）　ただし、必要に応じて派遣労働者の自宅

　ちなみに、「派遣先が講ずべき措置に関する指針（平成11年労働省

告示第138号）」では、会社（派遣先）に「定期的に派遣社員の就業場所を巡回し、派遣社員の就業の状況が労働者派遣契約に反していないことを確認すること」を求めています。この対応としては、派遣社員のプライバシーへの配慮が必要となるため、派遣社員の自宅まで巡回する必要はなく、電話やメール、ウェブ面談等により就業の状況を確認することで可能です。

派遣社員のリモートワークを認めるのであれば、就業場所の制約がなくなる訳ですから、日

本全国、いや世界中から優秀な派遣社員を抱える派遣会社と契約も可能です。そうなれば、自社の研究開発も一気に飛躍するかもしれません。

労働者派遣事業の適正な運営の確保及び派遣労働者の保護等に関する法律

（契約の内容等）

第26条　労働者派遣契約（当事者の一方が相手方に対し労働者派遣をすることを約する契約をいう。以下同じ。）の当事者は、厚生労働省令で定めるところにより、当該労働者派遣契約の締結に際し、次に掲げる事項を定めるとともに、その内容の差異に応じて派遣労働者の人数を定めなければならない。

１．派遣労働者が従事する業務の内容

２．派遣労働者が労働者派遣に係る労働に従事する事業所の名称及び所在地その他派遣就業の場所並びに組織単位（労働者の配置の区分であって、配置された労働者の業務の遂行を指揮命令する職務上の地位にある者が当該労働者の業務の配分に関して直接の権限を有するものとして厚生労働省令で定めるものをいう。以下同じ。）

３．労働者派遣の役務の提供を受ける者のために、就業中の派遣労働者を直接指揮命令する者に関する事項

■　（4.～10.略）

13　環境整備

　リモートワークを円滑に行うためには、社員自身も自宅等のICT（Information and Communication Technology）環境の整備や集中できる空間の確保が必要です。オンライン会議で誰か一人の通信機器の通信速度が遅いと他の社員の労働生産性に影響してきます。その分だけ、会議が長引きますし、会議が進みません。場合によっては、「その議案は、次回にしましょう」と、次回へと引き伸ばされてしまうかもしれません。

　労働生産性の高さは、ほかの社員にも波及します。ある社員が労働生産性を上がるとほかの社員の労働生産性も上がるのです。ただし、逆もまた然りです。このため社員自ら、他の社員の労働生産性を下げることのないように気を付けなければなりません。

　企業によっては、リモートワークを実施する社員にICT環境整備のための機材の貸与または整備のための費用を負担しているところもあります。少なくとも社員の間で使用している機器に差がないよう、例えば通信速度に差がないように、できれば、投資は考えるべきでしょう。

　そして、社員の側にも自宅等でリモートワークを行う場合の作業環境整備として、机上の照明は、照度300ルクス以上やパソコンのディスプレイは照度500ルクス以下で、輝度やコントラストが調整できるものなどの環境整備は心掛けてもらいたいものです。正直、ここまでは難しいでしょうが、事務所衛生基準規則や労働安全衛生規則、「情報機器作業における労働衛生管理のためのガイドライン」の衛生基準

を参考にすると良いでしょう。もちろん、リモートワークを行う場合
に、これらの規則やガイドライン等が適用される訳ではありませんの
で念のため。

　また、「テレワークの適切な導入及び実施の推進のためのガイドライ
ン」の別紙２の「自宅等においてテレワークを行う際の作業環境を
確認するためのチェックリスト（労働者用）」などもありますので、
活用してください。

 ## つながらない権利

　ICT（Information and Communication Techno-
logy）環境の整備が進むことで、「常に接続され
た状態」、「常にオン」、または「常にオンコール」

の慣習が生まれてしまっています。欧州議会（European Parliament）
では、この状態は「労働者の基本的権利、ワークライフバランス、そ
して身体的及び精神的健康と幸福に悪影響を与える可能性がある」と
強調しています。

　このため欧州議会では、2021年１月21日に「つながらない権利に関
する欧州委員会への勧告」の決議を採択しました。決議では「つなが
らない権利（Right to disconnect）」を「労働者が勤務時間外に電話
や電子メール、その他のデジタル通信など仕事に関連した作業をしな
いことを可能とする基本的権利」としており、上司ばかりでなく、同
僚も連絡を控えるべきとしています。企業には、労働者がこの権利を
行使できるようにするための必要な措置を求めています。

　日本でもリモートワークのデメリットの１つとして、「仕事のオン・
オフの切り替えが曖昧になりがち」ということが挙げられています。
特に、終業時刻後に送られてくる上司からのメールなどです。上司は

「すぐにメールを開封しろとは言っていない」とか「俺が忘れないようにメールしただけだ」とか、迷惑この上ない話です。メールが送られてくれば、どうしても気になり、開封してしまいます。読めばつい返信や処理等の作業をしてしまいます。もしも、上司から返信や処理等の対応を求められていれば、本来は労働時間となるものです。

　緊急事態であれば別ですが、不必要な終業時刻後のメール等は会社のルールとして禁止すべきではないでしょうか。就業時間外、もしくは深夜時間や休日のメール等を原則禁止としたり、メールを受信送信できなくさせたり、企業によっては、アクセスそのものができないようにしています。その他、就業時間外にパソコンを開くとアラームが鳴ったり、終業時刻後一定時間を過ぎると自動でパソコンが強制終了するよう設定している企業もあります。社員の「身体的及び精神的健康と幸福」のためには必要な措置でしょう。

【テレワークの適切な導入及び実施の推進のためのガイドライン（令和3年3月25日公表）】以下、一部抜粋

7　テレワークにおける労働時間管理の工夫
　⑷　テレワークに特有の事象の取扱い
　　オ　長時間労働対策
　　　㋐　メール送付の抑制等
　　　　テレワークにおいて長時間労働が生じる要因として、時間外等に業務に関する指示や報告がメール等によって行われることが挙げられる。
　　　　このため、役職者、上司、同僚、部下等から時間外等にメールを送付することの自粛を命ずること等が有効である。メールのみならず電話等での方法によるものも含め、時間外等における業務の指示や報告の在り方について、業務上の必要性、指示や報告が行われた場合の労働者の対応の要否等について、各事

業場の実情に応じ、使用者がルールを設けることも考えられる。

（イ）　システムへのアクセス制限

　　テレワークを行う際に、企業等の社内システムに外部のパソコン等からアクセスする形態をとる場合が多いが、所定外深夜・休日は事前に許可を得ない限りアクセスできないよう使用者が設定することが有効である。

15 安全と健康への配慮

　リモートワークは通勤という「痛勤時間」もなく、ストレスの少ない場所、例えば自宅などで仕事を行うため、健康に良い労働環境です。そして、新型ウイルス感染対策では、社員の安全と健康を守るために必要なものでもありました。

　会社には社員の健康に配慮する義務があります。それは、リモートワークであっても変わりません。

　このため、リモートワークであっても労働安全衛生法等に基づく措置を行う必要があります。「テレワークの適切な導入及び実施の推進のためのガイドライン」の別紙1の「テレワークを行う労働者の安全衛生を確保するためのチェックリスト（事業者用）」などもありますので、改めて確認してみてください。

労働安全衛生法

（作業の管理）

第65条の3　事業者は、労働者の健康に配慮して、労働者の従事する作業を適切に管理するように努めなければならない。

16 医師によるオンラインでの面接指導

　リモートワークであろうと、定期健康診断の実施と受診は義務です。また、「労働者の心理的な負担の程度を把握するための、医師、保健師等による検査（ストレスチェック）」は労働者の義務ではありませんが、リモートワーク下では、できる限り受診してもらうほうが良いでしょう。ハイブリッド型のリモートワークであれば、出社勤務と何ら変わらないでしょうが、全面的にリモートワークを取り入れている場合は、要注意です。

　周囲に同僚や上司がおらず、出社勤務の場合と比較すれば face to face、対面による関係作りが少なくなっている分、仕事上の不安や孤独を感じることがあるかもしれません。実際、リモートワークによりストレスを感じる社員も多くなっています。しかし、メンタルヘルスの不調となっても、パソコン等情報通信機器の画面だけではその変化に気づきにくいものです。このため、オンライン上で上司や同僚、産業医等に相談しやすい環境整備をすることが重要となってきます。ワン・オン・ワン（1 on 1）、上司と部下のオンライン面談などが有効です。リアルな対面よりもオンラインだからこそ、上司もその部下とだけの時間を共有することができ、しっかりと向き合って話を聞くことができます。

　ちなみに厚生労働省から、「情報通信機器を用いた医師による面接指導の実施について」という通達が公表されています。面接指導とは、労働安全衛生法に基づく「1月当たり80時間を超え、かつ、疲労の蓄積が認められる者」等における面接指導や「労働者の心理的な負担の程度を把握するための、医師、保健師等による検査（ストレスチェック）」における面接指導のことを言っています。面接指導では、医師

が労働者と面接し、労働者とのやりとりやその様子（表情、しぐさ、話し方、声色等）から労働者の疲労の状況やストレスの状況その他の心身の状況を把握するとともに、把握した情報をもとに必要な指導や就業上の措置に関する判断を行います。その際に、パソコン等の情報通信機器を用いた面接指導（リモートでの面接指導）を行うことも可能となっており、その留意事項をまとめたのがこの通達です。

面接指導に用いる情報通信機器が、「面接指導を行う医師と労働者とが相互に表情、顔色、声、しぐさ等を確認できるものであって、映像と音声の送受信が常時安定しかつ円滑であること。」や「情報通信機器を用いて実施する場合は、面接指導の内容が第三者に知られることがないような環境を整備するなど、労働者のプライバシーに配慮していること。」、「情報通信機器を用いた面接指導において、医師が緊急に対応すべき徴候等を把握した場合に、労働者が面接指導を受けている事業場その他の場所の近隣の医師等と連携して対応する等の緊急時対応体制が整備されていること。」などが記載されています。

この通達は、1月当たり80時間を超えていなくても、リモートワークにおいて、健康の配慮をする上で参考になりますので、内容を確認しておくと良いでしょう。

通　達

1　基本的な考え方

法第66条の8第1項において、面接指導は「問診その他の方法により心身の状況を把握し、これに応じて面接により必要な指導を行うこと」とされており、医師が労働者と面接し、労働者とのやりとりやその様子（表情、しぐさ、話し方、声色等）から労働者の疲労の状況やストレスの状況その他の心身の状況を把握するとともに、把握した情報を元に必要な指導や就業上の措置に関する判断を行うものであるため、労働者の様子を把握し、円滑にやりとりを行うことができる方法により行う必要

がある。ただし、面接指導を実施する医師が必要と認める場合には、直接対面によって行う必要がある。

　近年の急速なデジタル技術の進展に伴い、情報通信機器を用いて面接指導を行うことへのニーズが高まっているが、情報通信機器を用いて面接指導を行う場合においても、労働者の心身の状況の確認や必要な指導が適切に行われるようにするため、以下2に掲げる事項に留意する必要がある。

2　情報通信機器を用いた面接指導の実施に係る留意事項

(1)　事業者は、面接指導を実施する医師に対し、面接指導を受ける労働者が業務に従事している事業場に関する事業概要、業務の内容及び作業環境等に関する情報並びに対象労働者に関する業務の内容、労働時間等の勤務の状況及び作業環境等に関する情報を提供しなければならないこと。また、面接指導を実施する医師が、以下のいずれかの場合に該当することが望ましいこと。

①　面接指導を実施する医師が、対象労働者が所属する事業場の産業医である場合

②　面接指導を実施する医師が、契約（雇用契約を含む）により、少なくとも過去1年以上の期間にわたって、対象労働者が所属する事業場の労働者の日常的な健康管理に関する業務を担当している場合。

③　面接指導を実施する医師が、過去1年以内に、対象労働者が所属する事業場を巡視したことがある場合。

④　面接指導を実施する医師が、過去1年以内に、当該労働者に指導等を実施したことがある場合。

(2)　面接指導に用いる情報通信機器が、以下の全ての要件を満たすこと。

①　面接指導を行う医師と労働者とが相互に表情、顔色、声、しぐさ等を確認できるものであって、映像と音声の送受信が常時安定しかつ円滑であること。

②　情報セキュリティ（外部への情報漏洩の防止や外部からの不正ア

クセスの防止）が確保されること。

③　労働者が面接指導を受ける際の情報通信機器の操作が、複雑、難解なものでなく、容易に利用できること。

(3)　情報通信機器を用いた面接指導の実施方法等について、以下のいずれの要件も満たすこと。

①　情報通信機器を用いた面接指導の実施方法について、衛生委員会等で調査審議を行った上で、事前に労働者に周知していること。

②　情報通信機器を用いて実施する場合は、面接指導の内容が第三者に知られることがないような環境を整備するなど、労働者のプライバシーに配慮していること。

(4)　情報通信機器を用いた面接指導において、医師が緊急に対応すべき徴候等を把握した場合に、労働者が面接指導を受けている事業場その他の場所の近隣の医師等と連携して対応したり、その事業場にいる産業保健スタッフが対応する等の緊急時対応体制が整備されていること。

基発0915第 5 号　平成27年 9 月15日

一部改正　基発0704第 4 号　令和元年 7 月 4 日

一部改正　基発1119第 2 号　令和 2 年11月19日

 # 17 兎にも角にも「とりあえずやり続けてみること」

　リモートワークを頭で考えているうちは、なかなか始められませんし、続けられません。新型コロナウイルス感染症拡大により、突然始められるようになったのです。兎にも角にも、まずはリモートワークを始めて、もしくはもう 1 度始めてみて、続けてみることです。失敗したら、そこで考え、ルールを変えてみれば良いことです。多くの企業が社員の誰か 1 人でも失敗すると「やっぱり、わが社にはリモート

ワークは合っていない」となりがちです。社員一人ひとり個性があり、違う人間です。また、同じ会社でも部署や上司により、文化や慣習が違うということすらあります。失敗して当たり前です。リモートワークを定着させるためには、どこをどう改善すればより良くなるのか、使いやすくなるのか、使い勝手が良くなるのか考えてみてください。

　しかし、改善され、使いやすくなった、使い勝手が良くなったら終わりではありません。「これで最善！」と固定してしまうと、案外と定着せず、いつか廃れてしまいます。やりながら、少しづつ改善していくことが大切です。毎年変えるくらいのつもりが必要です。より使いやすく、より使い勝手が良くなるよう、少しづつ変えていくのです。自分の会社に合った自分たちだけの自分たち流の、使いやすい、使い勝手の良いリモートワークへと進化させていってください。

第6章

副業や兼業の
労働時間管理

～リモートワークと副業・兼業～

1 リモートワークと副業や兼業

　リモートワークの導入が進めば、通勤がなくなり、その分時間的余裕が出てきます。この時間的余裕を家族のために充てたり、自分の勉強の時間や趣味の時間に充てる社員も多いでしょうが、兼業や副業に目を向ける社員も少なからずいます。副業や兼業の関心度は高く、また、副業や兼業を容認する会社も多くなりました。

　「副業・兼業の促進に関するガイドライン（令和２年９月改定版）」では、副業や兼業について、以下のように述べています。

　「人生100年時代を迎え、若いうちから、自らの希望する働き方を選べる環境を作っていくことが必要である。また、副業・兼業は、社会全体としてみれば、オープンイノベーションや起業の手段としても有効であり、都市部の人材を地方でも活かすという観点から地方創生にも資する面もあると考えられる。」

　このため、会社に対して「労働者が副業・兼業を行う理由は、収入を増やしたい、１つの仕事だけでは生活できない、自分が活躍できる場を広げる等さまざまであり、業種や職種によって仕事の内容、収入等も様々な実情があるが、自身の能力を一企業にとらわれずに幅広く発揮したい、スキルアップを図りたいなどの希望を持つ労

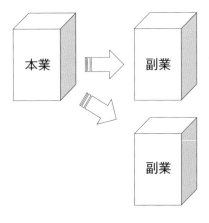

働者がいることから、こうした労働者については、長時間労働、企業への労務提供上の支障や業務上の秘密の漏洩等を招かないよう留意し

つつ、雇用されない働き方も含め、その希望に応じて幅広く副業・兼業を行える環境を整備することが重要である。」と、副業や兼業の環境整備を求めています。

 副業や兼業の現状

　前述の通り、副業や兼業の関心度は高く、副業や兼業を容認する会社も多くなりました。会社と個人事業主・ギグワーカーをマッチングするプラットフォームも多く存在します。仲介している仕事の種類も多くなってきています。

　ただし、多くはAIを使った専門的な技術やプログラミングなど高度なIT技術関連の業務、法務や人事、財務といった高い専門技術や専門知識・スキルを持つ個人事業主やギグワーカーを求めています。社員がどんなに副業や兼業を希望しても、自社で通用するだけの技術や知識だけでは、また本人の希望だけでは、他社が求めている副業や兼業の要望に応えられないというのが現状です。ここに需給のギャップがあります。

　副業や兼業の現実は、一部の専門技術や専門知識・スキルを持つ人が、何社も掛け持ちでこなしているというのが現状であり、3分の2以上は、飲食店や小売業の配送などを担う業務を行っていて二極化しています。

 副業や兼業のメリットと留意点

　「副業・兼業の促進に関するガイドライン」では、副業や兼業について、社員と会社には、それぞれ以下のようなメリットがあるとしています。

	社員のメリット	会社のメリット
①	離職せずとも別の仕事に就くことが可能となり、スキルや経験を得ることで、社員が主体的にキャリアを形成することができる。	社員が社内では得られない知識・スキルを獲得することができる。
②	本業の所得を活かして、自分がやりたいことに挑戦でき、自己実現を追求することができる。	社員の自律性・自主性を促すことができる。
③	所得が増加する。	優秀な人材の獲得・流出の防止ができ、競争力が向上する。
④	本業を続けつつ、よりリスクの小さい形で将来の起業・転職に向けた準備・試行ができる。	社員が社外から新たな知識・情報や人脈を入れることで、事業機会の拡大につながる。

ただし、副業や兼業するにあたり、長時間労働となる可能性があるため健康管理に留意することや、職務専念義務、秘密保持義務、競業避止義務等の義務を履行するよう求めています。

	社員への留意点	会社への留意点
①	就業時間が長くなる可能性があるため、社員自身による就業時間や健康の管理も一定程度必要である。	必要な就業時間の把握・管理や健康管理への対応、職務専念義務、秘密保持義務、競業避止義務をどう確保するかという懸念への対応が必要である。
②	職務専念義務、秘密保持義務、競業避止義務を意識することが必要である。	
③	1週間の所定労働時間が短い業務を複数行う場合には、雇用保険等の適用がない場合があることに留意が必要である。	

　なお、社員が副業や兼業に伴い20万円を超える副収入がある場合は、会社での年末調整ではなく、社員個人による確定申告が必要です。社員へ周知しておきましょう。

 # 副業や兼業禁止規定の有効性

　多くの会社が、就業規則等に、社員の副業や兼業を禁止し、または許可制にするなどの規制を設けています。しかしながら、労働時間以外の時間をどのように利用するかは基本的には社員の自由であり、社員は職業選択の自由を有しています。また、多様な働き方の1つとしてインターネット等で副業や兼業を行う人が増加していることなどを考えると、どんなに就業規則等により副業や兼業の禁止規定を設けたとしても、以下の4項目に該当するような場合を除き、その規定の有効性は否定されてしまうでしょう。

①　労務提供上の支障がある場合
②　業務上の秘密が漏洩する場合
③　競業により自社の利益が害される場合
④　自社の名誉や信用を損なう行為や信頼関係を破壊する行為がある場合

　①は、副業や兼業が原因で自社の業務が十分に行えない場合や、長時間労働など社員の健康に影響が生じるおそれがある場合が含まれると考えられます。裁判例では、毎日6時間にわたる兼業が会社への労務提供に重大な支障を生ぜしめるとして、就業規則の副業・兼業禁止規定に基づく懲戒処分の有効性を認めています。逆に、夜間や休日に

行われた講師等の業務について本業への支障は認められないとした裁判例もあります。

裁判例①　小川建設事件

概　略

　毎日6時間にわたるキャバレーでの無断就労を理由とする解雇について、兼業は深夜に及ぶものであって余暇利用のアルバイトの域を超えるものであり、社会通念上、会社への労務の誠実な提供に何らかの支障を来す蓋然性が高いことから、解雇有効とした事例

◆小川建設事件（昭和57年11月19日　東京地裁）

　労働者は労働契約を通じて1日のうち一定の限られた時間のみ、労務に服するのを原則とし、就業時間外は本来労働者の自由であることからして、就業規則で兼業を全面的に禁止することは、特別な場合を除き、合理性を欠く。しかしながら、労働者がその自由なる時間を精神的肉体的疲労回復のため適度な休養に用いることは次の労働日における誠実な労務提供のための基礎的条件をなすものであるから、使用者としても労働者の自由な時間の利用について関心を持たざるをえず、また、兼業の内容によっては企業の経営秩序を害し、または企業の対外的信用、体面が傷つけられる場合もありうるので、従業員の兼業の許否について、労務提供上の支障や企業秩序への影響等を考慮したうえでの会社の承諾にかからしめる旨の規定を就業規則に定めることは不当とはいいがたく、したがって、同趣旨の債務者就業規則第31条4項の規定は合理性を有するものである。

　債務者就業規則第31条4項の規定は、前述のとおり従業員が二重就職をするについて当該兼業の職務内容が会社に対する本来の労務提供に支障を与えるものではないか等の判断を会社に委ねる趣旨をも含む

　ものであるから、本件債権者の兼業の職務内容のいかんにかかわらず、債権者が債務者に対して兼業の具体的職務内容を告知してその承諾を求めることなく、無断で二重就職したことは、それ自体が企業秩序を阻害する行為であり、債務者に対する雇用契約上の信用関係を破壊する行為と評価されうるものである。

　そして、本件債権者の兼業の職務内容は、債務者の就業時間とは重複してはいないものの、軽労働とはいえ毎日の勤務時間は6時間に亙りかつ深夜に及ぶものであって、単なる余暇利用のアルバイトの域を越えるものであり、したがって当該兼業が債務者への労務の誠実な提供に何らかの支障をきたす蓋然性が高いものとみるのが社会一般の通念であり、事前に債務者への申告があった場合には当然に債務者の承諾が得られるとは限らないものであったことからして、本件債権者の無断二重就職行為は不問に付して然るべきものとは認められない。

裁判例②　東京都私立大学教授事件

概　略

　教授が無許可で語学学校講師等の業務に従事し、講義を休講したことを理由として行われた懲戒解雇について、副業は夜間や休日に行われており、本業への支障は認められず、解雇無効とした事例

◆東京都私立大学教授事件（平成20年12月5日　東京地裁）

　被告の就業規則には無許可兼職を懲戒事由としている事実が存するのであるが、就業規則は使用者がその事業活動を円滑に遂行するに必要な限りでの規律と秩序を根拠づけるにすぎず、労働者の私生活に対する使用者の一般的支配までを生ぜしめるものではない。兼職（二重就職）は、本来は使用者の労働契約上の権限の及び得ない労働者の私

生活における行為であるから、兼職（二重就職）許可制に形式的には反する場合であっても、職場秩序に影響せず、かつ、使用者に対する労務提供に格別の支障を生ぜしめない程度・態様の二重就職については、兼職（二重就職）を禁止した就業規則の条項には実質的には違反しないものと解するのが相当である。

被告は、原告が語学学校の講師をしたことや土曜教室を営んだことを無許可の兼職または事業（就業規則33条２号、４条４号）にあたると主張するが、原告がこれらを実施したのはいずれも夜間ないし土曜日と認められるのであり（原告本人、弁論の全趣旨）、本件全証拠に照らしても、原告が行うべき授業等の労務提供に支障が生じたとは認めることはできないし、原告がこれらを実施したことによって、職場秩序に影響が生じたとも認めることはできない。

【副業・兼業の促進に関するガイドライン（令和２年９月１日改定)】以下、一部抜粋

3 企業の対応

(1) 基本的な考え方

裁判例を踏まえれば、原則、副業・兼業を認める方向とすることが適当である。副業・兼業を禁止、一律許可制にしている企業は、副業・兼業が自社での業務に支障をもたらすものかどうかを今一度精査したうえで、そのような事情がなければ、労働時間以外の時間については、労働者の希望に応じて、原則、副業・兼業を認める方向で検討することが求められる。

実際に副業・兼業を進めるに当たっては、労働者と企業の双方が納得感を持って進めることができるよう、企業と労働者との間で十分にコミュニケーションをとることが重要である。なお、副業・兼業に係る相談、自己申告等を行ったことにより不利益な取扱いをすることはできな

い。

　また、労働契約法第3条第4項において、「労働者及び使用者は、労働契約を遵守するとともに、信義に従い誠実に、権利を行使し、及び義務を履行しなければならない。」とされている（信義誠実の原則）。

　信義誠実の原則に基づき、使用者及び労働者は、労働契約上の主たる義務（使用者の賃金支払義務、労働者の労務提供義務）のほかに、多様な付随義務を負っている。

　副業・兼業の場合には、以下の点に留意する必要がある。

ア　安全配慮義務

　労働契約法第5条において、「使用者は、労働契約に伴い、労働者がその生命、身体等の安全を確保しつつ労働することができるよう、必要な配慮をするものとする。」とされており（安全配慮義務）、副業・兼業の場合には、副業・兼業を行う労働者を使用する全ての使用者が安全配慮義務を負っている。

　副業・兼業に関して問題となり得る場合としては、使用者が、労働者の全体としての業務量・時間が過重であることを把握しながら、何らの配慮をしないまま、労働者の健康に支障が生ずるに至った場合等が考えられる。

　このため、

- 就業規則、労働契約等（以下この(1)において「就業規則等」という。）において、長時間労働等によって労務提供上の支障がある場合には、副業・兼業を禁止又は制限することができることとしておくこと
- 副業・兼業の届出等の際に、副業・兼業の内容について労働者の安全や健康に支障をもたらさないか確認するとともに、副業・兼業の状況の報告等について労働者と話し合っておくこと
- 副業・兼業の開始後に、副業・兼業の状況について労働者からの報告等により把握し、労働者の健康状態に問題が認められた場合には

適切な措置を講ずること等が考えられる。

イ　秘密保持義務

　労働者は、使用者の業務上の秘密を守る義務を負っている（秘密保持義務）。

　副業・兼業に関して問題となり得る場合としては、自ら使用する労働者が業務上の秘密を他の使用者の下で漏洩する場合や、他の使用者の労働者（自らの労働者が副業・兼業として他の使用者の労働者である場合を含む。）が他の使用者の業務上の秘密を自らの下で漏洩する場合が考えられる。

　このため、
- 就業規則等において、業務上の秘密が漏洩する場合には、副業・兼業を禁止又は制限することができることとしておくこと
- 副業・兼業を行う労働者に対して、業務上の秘密となる情報の範囲や、業務上の秘密を漏洩しないことについて注意喚起すること

等が考えられる。

ウ　競業避止義務

　労働者は、一般に、在職中、使用者と競合する業務を行わない義務を負っていると解されている（競業避止義務）。

　副業・兼業に関して問題となり得る場合としては、自ら使用する労働者が他の使用者の下でも労働することによって、自らに対して当該労働者が負う競業避止義務違反が生ずる場合や、他の使用者の労働者を自らの下でも労働させることによって、他の使用者に対して当該労働者が負う競業避止義務違反が生ずる場合が考えられる。

　したがって、使用者は、競業避止の観点から、労働者の副業・兼業を禁止又は制限することができるが、競業避止義務は、使用者の正当な利益を不当に侵害してはならないことを内容とする義務であり、使用者は、労働者の自らの事業場における業務の内容や副業・兼業の内容等に鑑み、

その正当な利益が侵害されない場合には、同一の業種・職種であっても、副業・兼業を認めるべき場合も考えられる。

　このため、

- 就業規則等において、競業により、自社の正当な利益を害する場合には、副業・兼業を禁止又は制限することができることとしておくこと
- 副業・兼業を行う労働者に対して、禁止される競業行為の範囲や、自社の正当な利益を害しないことについて注意喚起すること
- 他社の労働者を自社でも使用する場合には、当該労働者が当該他社に対して負う競業避止義務に違反しないよう確認や注意喚起を行うこと

等が考えられる。

エ　誠実義務

　誠実義務に基づき、労働者は秘密保持義務、競業避止義務を負うほか、使用者の名誉・信用を毀損しないなど誠実に行動することが要請される。

　このため、

- 就業規則等において、自社の名誉や信用を損なう行為や、信頼関係を破壊する行為がある場合には、副業・兼業を禁止又は制限することができることとしておくこと
- 副業・兼業の届出等の際に、それらのおそれがないか確認すること

等が考えられる。

オ　副業・兼業の禁止又は制限

　(ア)　副業・兼業に関する裁判例においては、

- 労働者が労働時間以外の時間をどのように利用するかは、基本的には労働者の自由であること
- 例外的に、労働者の副業・兼業を禁止又は制限することができるとされた場合としては

① 労務提供上の支障がある場合

② 業務上の秘密が漏洩する場合

③ 競業により自社の利益が害される場合

④ 自社の名誉や信用を損なう行為や信頼関係を破壊する行為がある場合

が認められている。

　このため、就業規則において、

- 原則として、労働者は副業・兼業を行うことができること
- 例外的に、上記①〜④のいずれかに該当する場合には、副業・兼業を禁止又は制限することができることとしておくこと

等が考えられる。

(イ)　なお、副業・兼業に関する裁判例においては、就業規則において労働者が副業・兼業を行う際に許可等の手続を求め、これへの違反を懲戒事由としている場合において、形式的に就業規則の規定に抵触したとしても、職場秩序に影響せず、使用者に対する労務提供に支障を生ぜしめない程度・態様のものは、禁止違反に当たらないとし、懲戒処分を認めていない。

　このため、労働者の副業・兼業が形式的に就業規則の規定に抵触する場合であっても、懲戒処分を行うか否かについては、職場秩序に影響が及んだか否か等の実質的な要素を考慮した上で、あくまでも慎重に判断することが考えられる。

　　　　　　　　　　　　　　（平成30年1月策定　（令和2年1月改定））

就業規則例

副業や兼業を認める場合の就業規則の規定例は、以下のとおりです。

（副業や兼業）

第○条　従業員は、勤務時間外において、会社の承認を得て他の会社
　　等の業務に従事することができる。

2　会社は、従業員からの前項の業務に従事する旨の申し出に基づき
　　承認するにあたり、従業員がその業務に従事することにより次の各
　　号のいずれかに該当する場合には、これを禁止または制限する。

　①　労務提供上の支障がある場合

　②　業務上の秘密が漏洩する場合

　③　競業により会社の利益を害する場合

　④　会社の名誉や信用を損なう行為や信頼関係を破壊する行為があ
　　る場合

副業や兼業における労働時間

　副業や兼業により2つ以上の会社に勤務している場合、労働時間は
通算されます。このため、通算して法定労働時間を超えた場合は、当
然に割増賃金の支払いや36協定の届出が必要となります。割増賃金を
負担しなければならないのは、その社員と時間的に後で労働契約を締
結した会社です。

　ただし、会社Aで7時間、会社Bで1時間働いている社員の場合、
会社Aが、その社員がこの後会社Bで1時間働くことを知りながら労

1日8時間

働時間を延長したときは、会社Aの36協定の範囲内で時間外労働を行い割増賃金の支払いが必要となります。すなわち、必ずしも1日のうちの後の時刻の会社でもないし、また後から雇入れた会社でもありません。

　また、会社により、月の労働時間の起算日や週の労働時間の起算日は違うため、月や週の法定労働時間を超えたかどうかは、自社の月の労働時間の起算日や週の労働時間の起算日を基に、月や週における労働時間を通算して把握します。例えば、会社Aの月の労働時間の起算日が毎月1日で、会社Bが毎月15日である場合、会社Aは、Aの毎月1日から末日までの労働時間と、会社Bの毎月1日から末日までの労働時間を通算することにより、法定労働時間を超えたかどうか把握することになります。

労働基準法

第38条　労働時間は、事業場を異にする場合においても、労働時間に関する規定の適用については通算する。

通　　達

　自らの事業場における所定労働時間と他の使用者の事業場における所定労働時間とを通算して、自らの事業場の労働時間制度における法定労働時間を超える部分がある場合は、時間的に後から労働契約を締結した使用者における当該超える部分が時間外労働となり、当該使用者における36協定で定めるところによって行うこととなること。

（令和2年9月1日　基発第3号）

　2以上の事業主に使用され、その通算労働時間が8時間を超える場合、法定時間外に使用した事業主は法第37条に基づき、割増賃金を支払わなければならない。

（昭和23年10月14日　基収2117号）

　各々の使用者は、自らの事業場における労働時間制度を基に、他の使用者の事業場における所定労働時間・所定外労働時間についての労働者からの申告等により、

- まず労働契約の締結の先後の順に所定労働時間を通算し、
- 次に所定外労働の発生順に所定外労働時間を通算することによって、それぞれの事業場での所定労働時間・所定外労働時間を通算した労働時間を把握し、その労働時間について、自らの事業場の労働時間制度における法定労働時間を超える部分のうち、自ら労働させた時間について、時間外労働の割増賃金（法第37条第1項）を支払う必要があること。

（令和2年9月1日　基発第3号）

【副業・兼業の促進に関するガイドライン（令和2年9月1日改定）】以下、一部抜粋

③ 企業の対応

(2)　労働時間管理

ウ　労働時間の通算

　(ア)　基本的事項

　　a　労働時間を通算管理する使用者

　　　副業・兼業を行う労働者を使用する全ての使用者（ア(ア)において労働時間が通算されない場合として掲げられている業務等に係るものを除く。）は、労基法第38条第1項の規定により、それぞれ、自らの事業場における労働時間と他の使用者の事業場における労働時間とを通算して管理する必要がある。

b　通算される労働時間

　　労基法第38条第１項の規定による労働時間の通算は、自らの事業場における労働時間と労働者からの申告等により把握した他の使用者の事業場における労働時間とを通算することによって行う。

　c　基礎となる労働時間制度

　　労基法第38条第１項の規定による労働時間の通算は、自らの事業場における労働時間制度を基に、労働者からの申告等により把握した他の使用者の事業場における労働時間と通算することによって行う。

　　週の労働時間の起算日又は月の労働時間の起算日が、自らの事業場と他の使用者の事業場とで異なる場合についても、自らの事業場の労働時間制度における起算日を基に、そこから起算した各期間における労働時間を通算する。

　d　通算して時間外労働となる部分

　　自らの事業場における労働時間と他の使用者の事業場における労働時間とを通算して、自らの事業場の労働時間制度における法定労働時間を超える部分が、時間外労働となる。

(イ)　副業・兼業の開始前（所定労働時間の通算）

　a　所定労働時間の通算

　　副業・兼業の開始前に、自らの事業場における所定労働時間と他の使用者の事業場における所定労働時間とを通算して、自らの事業場の労働時間制度における法定労働時間を超える部分の有無を確認する。

b　通算して時間外労働となる部分

　　自らの事業場における所定労働時間と他の使用者の事業場における所定労働時間とを通算して、自らの事業場の労働時間制度における法定労働時間を超える部分がある場合は、時間的に後から労働契約を締結した使用者における当該超える部分が時間外労働となり、当該使用者における36協定で定めるところによって行うこととなる。

c　所定労働時間の把握

　　他の使用者の事業場における所定労働時間は、イ(イ)のとおり、副業・兼業の確認の際に把握しておくことが考えられる。

(ウ)　副業・兼業の開始後（所定外労働時間の通算）

a　所定外労働時間の通算

　　(イ)の所定労働時間の通算に加えて、副業・兼業の開始後に、自らの事業場における所定外労働時間と他の使用者の事業場における所定外労働時間とを当該所定外労働が行われる順に通算して、自らの事業場の労働時間制度における法定労働時間を超える部分の有無を確認する。

　※　自らの事業場で所定外労働がない場合は、所定外労働時間の通算は不要である。

　※　自らの事業場で所定外労働があるが、他の使用者の事業場で所定外労働がない場合は、自らの事業場の所定外労働時間を通算すれば足りる。

b　通算して時間外労働となる部分

　　所定労働時間の通算に加えて、自らの事業場における所定外労働時間と他の使用者の事業場における所定外労働時間とを当該所定外労働が行われる順に通算して、自らの事業場の労働時間制度における法定労働時間を超える部分がある場合は、当該超える部

分が時間外労働となる。各々の使用者は、通算して時間外労働と
なる時間のうち、自らの事業場において労働させる時間について
は、自らの事業場における36協定の延長時間の範囲内とする必要
がある。

　各々の使用者は、通算して時間外労働となる時間（他の使用者
の事業場における　労働時間を含む。）によって、時間外労働と
休日労働の合計で単月100時間未満、複数月平均80時間以内の要
件（労基法第36条第6項第2号及び第3号）を遵守するよう、1
か月単位で労働時間を通算管理する必要がある。

c　所定外労働時間の把握

　他の使用者の事業場における実労働時間は、ウ(ア)bのとおり、
労働者からの申告等により把握する。他の使用者の事業場におけ
る実労働時間は、労基法を遵守するために把握する必要があるが、
把握の方法としては、必ずしも日々把握する必要はなく、労基法
を遵守するために必要な頻度で把握すれば足りる。

　例えば、時間外労働の上限規制の遵守等に支障がない限り、

• 一定の日数分をまとめて申告等させる

　（例：1週間分を週末に申告する等）

• 所定労働時間どおり労働した場合には申告等は求めず、実労働
　時間が所定労働時間どおりではなかった場合のみ申告等させる
　（例：所定外労働があった場合等）

• 時間外労働の上限規制の水準に近づいてきた場合に申告等させ
　る

などとすることが考えられる。

(エ)　その他

　労働者が事業主を異にする3以上の事業場で労働する場合につい
ても、上記に記載したところにより、副業・兼業の確認、副業・兼

業開始前の所定労働時間の通算、副業・兼業開始後の所定外労働時間の通算を行う。

エ　時間外労働の割増賃金の取扱い
　(ア)　割増賃金の支払義務
　　　各々の使用者は、自らの事業場における労働時間制度を基に、他の使用者の事業場における所定労働時間・所定外労働時間についての労働者からの申告等により、
　　・まず労働契約の締結の先後の順に所定労働時間を通算し、
　　・次に所定外労働の発生順に所定外労働時間を通算すること
　　　によって、
　　それぞれの事業場での所定労働時間・所定外労働時間を通算した労働時間を把握し、その労働時間について、自らの事業場の労働時間制度における法定労働時間を超える部分のうち、自ら労働させた時間について、時間外労働の割増賃金（労基法第37条第1項）を支払う必要がある。

　(イ)　割増賃金率
　　　時間外労働の割増賃金の率は、自らの事業場における就業規則等で定められた率（2割5分以上の率。ただし、所定外労働の発生順によって所定外労働時間を通算して、自らの事業場の労働時間制度における法定労働時間を超える部分が1か月について60時間を超えた場合には、その超えた時間の労働のうち自ら労働させた時間については、5割以上の率。）となる（労基法第37条第1項）。
　　　　　　　　　　　　　（平成30年1月策定　（令和2年1月改定））

7 副業や兼業における労働時間の把握方法

　副業や兼業における労働時間は、社員本人からの申告により把握します。社員から申告がなかった場合には労働時間の通算はせず、また、申告の労働時間が事実と相違していた場合でも社員からの申告により把握した労働時間を通算すれば良いことになっています。

　ただし、労働基準法が適用されないフリーランスや独立・起業などによって副業や兼業する場合は、労働者ではないため通算する必要はありません。

通　　達

　使用者は、労働者からの申告等により、副業・兼業の有無・内容を確認すること。その方法としては、就業規則、労働契約等に副業・兼業に関する届出制を定め、既に雇い入れている労働者が新たに副業・兼業を開始する場合の届出や、新たに労働者を雇い入れる際の労働者からの副業・兼業についての届出に基づくこと等が考えられること。

　使用者は、副業・兼業に伴う労務管理を適切に行うため、届出制など副業・兼業の有無・内容を確認するための仕組みを設けておくことが望ましいこと。

　法第38条第1項の規定による労働時間の通算は、自らの事業場における労働時間と労働者からの申告等により把握した他の使用者の事業場における労働時間とを通算することによって行うこと。

　労働者からの申告等がなかった場合には労働時間の通算は要せず、また、労働者からの申告等により把握した他の使用者の事業場における労働時間が事実と異なっていた場合でも労働者からの申告等により把握し

た労働時間によって通算していれば足りること。

（令和2年9月1日　基発第3号）

【副業・兼業の促進に関するガイドライン（令和2年9月1日改定）】以下、一部抜粋

3　企業の対応

(2)　労働時間管理

ア　労働時間の通算が必要となる場合

　(ア)　労働時間が通算される場合

　　　労働者が、事業主を異にする複数の事業場において、「労基法に定められた労働時間規制が適用される労働者」に該当する場合に、労基法第38条第1項の規定により、それらの複数の事業場における労働時間が通算される。

　　　次のいずれかに該当する場合は、その時間は通算されない。

　　・労基法が適用されない場合（例　フリーランス、独立、起業、共同経営、アドバイザー、コンサルタント、顧問、理事、監事等）

　　・労基法は適用されるが労働時間規制が適用されない場合（農業・畜産業・養蚕業・水産業、管理監督者・機密事務取扱者、監視・断続的労働者、高度プロフェッショナル制度）

　　　なお、これらの場合においても、過労等により業務に支障を来さないようにする観点から、その者からの申告等により就業時間を把握すること等を通じて、就業時間が長時間にならないよう配慮することが望ましい。

イ　副業・兼業の確認

　(ア)　副業・兼業の確認方法

　　　使用者は、労働者からの申告等により、副業・兼業の有無・内容を確認する。

　　　その方法としては、就業規則、労働契約等に副業・兼業に関する

届出制を定め、既に雇い入れている労働者が新たに副業・兼業を開始する場合の届出や、新たに労働者を雇い入れる際の労働者からの副業・兼業についての届出に基づくこと等が考えられる。

　使用者は、副業・兼業に伴う労務管理を適切に行うため、届出制など副業・兼業の有無・内容を確認するための仕組みを設けておくことが望ましい。

㈣　労働者から確認する事項

　副業・兼業の内容として確認する事項としては、次のものが考えられる。

- 他の使用者の事業場の事業内容
- 他の使用者の事業場で労働者が従事する業務内容
- 労働時間通算の対象となるか否かの確認

　労働時間通算の対象となる場合には、併せて次の事項について確認し、各々の使用者と労働者との間で合意しておくことが望ましい。

- 他の使用者との労働契約の締結日、期間
- 他の使用者の事業場での所定労働日、所定労働時間、始業・終業時刻
- 他の使用者の事業場での所定外労働の有無、見込み時間数、最大時間数
- 他の使用者の事業場における実労働時間等の報告の手続
- これらの事項について確認を行う頻度

　　　　　　　　　　　（平成30年１月策定　（令和２年１月改定））

8　簡便な労働時間管理方法

副業や兼業は、いっときだけの臨時的なものと、日常的に行う恒常

的なものとがあるはずです。また、あまり考えられませんが、通算して法定労働時間内だけで就労する場合と、当然に通算して法定労働時間を超えて就労する場合があります。さらに、副業や兼業先で労働者として働く場合と、個人事業主やフリーランスなどとして働く場合があります。

　いっときだけの臨時的なものや、通算しても法定労働時間内だけで就労する場合、個人事業主などで働く場合であれば、労働時間の通算管理が楽ですが、労働者として日常的に行う恒常的な副業や兼業の場合は、労働時間の通算管理が複雑であり煩雑となるはずです。

　このため「副業・兼業の促進に関するガイドライン（令和2年1月改定版）」では、労働時間の申告等や労働時間の通算管理において、労使双方の手続上の負荷が高くなることが考え「管理モデル」を提示しています。

　「管理モデル」とは、労使双方の手続上の負荷を軽くしながら、労働基準法に定める最低労働条件が遵守しやすい方法で、具体的な方法は次の通りです。

① 副業や兼業の開始前に、
　(1)　副業や兼業を行う社員と時間的に先に労働契約を締結していた会社（以下「会社A」とします。）における法定外労働時間
　(2)　時間的に後から労働契約を締結した会社（以下「会社B」とします。）における労働時間（所定労働時間と所定外労働時間を合わせた労働時間）
を合計した時間数が「特別条項のある36協定」の上限規制である単月100時間未満、複数月平均80時間以内となるように、それぞれの会社で労働時間の上限を設定します。
　※　要は、会社Aと会社Bがお互いに影響を受けないようにあらかじめ労働時間の枠を設定するということです。

② 副業・兼業の開始後は、それぞれの会社が①で設定した労働時間の枠の範囲内で労働させます。

③ 会社A会社Bそれぞれの会社における36協定の延長時間の範囲内での労働時間を遵守し、会社Aは自社の法定外労働時間（もしくは所定外労働時間）の労働について、会社Bは自社の労働時間（所定労働時間と所定外労働時間を合わせた労働時間）の労働について、割増賃金を支払います。

このため、実際には通算して法定外労働時間にならなくても割増賃金を支払うことになります。

■管理モデルのイメージ図

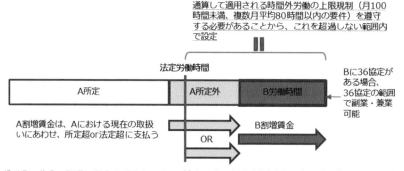

（「副業・兼業の促進に関するガイドライン（令和2年1月改定版）」わかりやすい解説 P16から）

【副業・兼業の促進に関するガイドライン（令和2年9月1日改定）】以下、一部抜粋

3 企業の対応

(2) 労働時間管理

オ 簡便な労働時間管理の方法

　(ア) 趣旨

　　副業・兼業の場合の労働時間管理の在り方については上記のとおりであるが、例えば、副業・兼業の日数が多い場合や、自らの事業

場及び他の使用者の事業場の双方において所定外労働がある場合等においては、労働時間の申告等や通算管理において、労使双方に手続上の負担が伴うことが考えられる。

　このため、副業・兼業の場合の労働時間管理の在り方について、上記によることのほかに、労働時間の申告等や通算管理における労使双方の手続上の負担を軽減し、労基法に定める最低労働条件が遵守されやすくなる簡便な労働時間管理の方法（以下「管理モデル」という。）として、以下の方法によることが考えられる。

(イ)　管理モデルの枠組み管理モデルは、副業・兼業の開始前に、当該副業・兼業を行う労働者と時間的に先に労働契約を締結していた使用者（以下「使用者Ａ」という。）の事業場における法定外労働時間と時間的に後から労働契約を締結した使用者（以下「使用者Ｂ」という。）の事業場における労働時間（所定労働時間及び所定外労働時間）とを合計した時間数が単月100時間未満、複数月平均80時間以内となる範囲内において、各々の使用者の事業場における労働時間の上限をそれぞれ設定し、各々の使用者がそれぞれその範囲内で労働させることとするものであること。また、使用者Ａは自らの事業場における法定外労働時間の労働について、使用者Ｂは自らの事業場における労働時間の労働について、それぞれ自らの事業場における36協定の延長時間の範囲内とし、割増賃金を支払うこととするものであること。

　これにより、使用者Ａ及び使用者Ｂは、副業・兼業の開始後においては、それぞれあらかじめ設定した労働時間の範囲内で労働させる限り、他の使用者の事業場における実労働時間の把握を要することなく労基法を遵守することが可能となるものであること。

㈡　管理モデルの実施

　a　導入手順

　　副業・兼業に関する企業の事例において、労務管理上の便宜や労働者の健康確保等のため、副業・兼業の開始前に、あらかじめ使用者が他の使用者の事業場における労働時間や通算した労働時間について上限を設定し、労働者にその範囲内で副業・兼業を行うことを求めている事例がみられる。管理モデルについても、一般的には、副業・兼業を行おうとする労働者に対して使用者Aが管理モデルにより副業・兼業を行うことを求め、労働者及び労働者を通じて使用者Bがこれに応じることによって導入されることが想定される。

　b　労働時間の上限の設定

　　使用者Aの事業場における１か月の法定外労働時間と使用者Bの事業場における１か月の労働時間とを合計した時間数が単月100時間未満、複数月平均80時間以内となる範囲内において、各々の使用者の事業場における労働時間の上限をそれぞれ設定する。

　　月の労働時間の起算日が、使用者Aの事業場と使用者Bの事業場とで異なる場合には、各々の使用者は、各々の事業場の労働時間制度における起算日を基に、そこから起算した１か月における労働時間の上限をそれぞれ設定することとして差し支えない。

　c　時間外労働の割増賃金の取扱い

　　使用者Aは自らの事業場における法定外労働時間の労働について、使用者Bは自らの事業場における労働時間の労働について、それぞれ割増賃金を支払う。

　　使用者Aが、法定外労働時間に加え、所定外労働時間についても割増賃金を支払うこととしている場合には、使用者Aは、自らの事業場における所定外労働時間の労働について割増賃金を支払うこととなる。

　　時間外労働の割増賃金の率は、自らの事業場における就業規則等

で定められた率（2割5分以上の率。ただし、使用者Aの事業場における法定外労働時間の上限に使用者Bの事業場における労働時間を通算して、自らの事業場の労働時間制度における法定労働時間を超える部分が1か月について60時間を超えた場合には、その超えた時間の労働のうち自らの事業場において労働させた時間については、5割以上の率。）とする。

㈒　その他

　a　管理モデルの導入の際の労働時間の上限の設定において、使用者Aの事業場における1か月の法定外労働時間と使用者Bの事業場における1か月の労働時間とを合計した時間数を80時間を超えるものとした場合には、翌月以降において複数月平均80時間未満となるように労働時間の上限の設定を調整する必要が生じ得る。

　　このため、労働時間の申告等や通算管理における労使双方の手続上の負担を軽減し、労基法に定める最低労働条件が遵守されやすくするという管理モデルの趣旨に鑑み、そのような労働時間を調整する必要が生じないように、各々の使用者と労働者との合意により労働時間の上限を設定することが望ましい。

　b　管理モデルの導入後に、使用者Aにおいて導入時に設定した労働時間の上限を変更する必要が生じた場合には、あらかじめ労働者を通じて使用者Bに通知し、必要に応じて使用者Bにおいて設定した労働時間の上限を変更し、これを変更することは可能である。なお、変更を円滑に行うことができるよう、あらかじめ、変更があり得る旨を留保しておくことが望ましい。

　c　労働者が事業主を異にする3以上の事業場で労働する場合についても、使用者Aの事業場における法定外労働時間、使用者Bの事業場における労働時間、更に時間的に後から労働契約を締結した使用者C等の事業場における労働時間について、各々の使用者の事業場における労働時間の上限をそれぞれ設定し、各々の使用

者がそれぞれその範囲内で労働させ、使用者Aは自らの事業場における法定外労働時間の労働について、使用者B及び使用者C等は自らの事業場における労働時間の労働について、それぞれ割増賃金を支払うことにより、管理モデルの導入が可能である。

d　管理モデルを導入した使用者が、あらかじめ設定した労働時間の範囲を逸脱して労働させたことによって、時間外労働の上限規制を超える等の労基法に抵触した状態が発生した場合には、当該逸脱して労働させた使用者が、労働時間通算に関する法違反を問われ得ることとなる。

（平成30年1月策定　（令和2年1月改定））

副業や兼業における時間外労働や休日労働をさせる場合の届出（36協定）

　副業や兼業により2つ以上の会社に勤務している場合は、労働時間が通算されるため、通算して法定労働時間を超える場合は、時間外労働・休日労働に関する協定（いわゆる36協定）の届出が必要です。延長できる時間の限度時間については、それぞれの会社における延長時間を定めます。

　限度時間（法定休日労働を除き、原則として1か月45時間、1年360時間）については、通算されません。また、特別条項のある36協定の年間限度時間（720時間）も通算されません。ただし、複数月平均で80時間以内、単月で100時間未満とする限度時間は、個々の労働者において規制しているため通算されますので、注意してください。

　このため、時間外労働について「副業・兼業の促進に関するガイドライン（令和2年1月改定版）」では、本業と副業や兼業する企業それぞれに他社の時間外労働の上限時間を事前申告するよう求めています。

通算した労働時間でみる上限	通算せず、各会社別でみる上限
法定労働時間 　　　１週40時間 　　　１日８時間	36協定の上限労働時間 　　　月45時間 　　　年360時間
特別条項のある36協定の上限労働時間 　　　複数月平均80時間以内 　　　単月で100時間未満	特別条項のある36協定の上限労働時間 　　　年720時間以内

【副業・兼業の促進に関するガイドライン（令和２年９月１日改定）】以下、一部抜粋

3　企業の対応

(2)　労働時間管理

ア　労働時間の通算が必要となる場合

　(ｲ)　通算して適用される規定

　　　法定労働時間（労基法第32条）について、その適用において自らの事業場における労働時間及び他の使用者の事業場における労働時間が通算される。

　　　時間外労働（労基法第36条）のうち、時間外労働と休日労働の合計で単月100時間未満、複数月平均80時間以内の要件（同条第６項第２号及び第３号）については、労働者個人の実労働時間に着目し、当該個人を使用する使用者を規制するものであり、その適用において自らの事業場における労働時間及び他の使用者の事業場における労働時間が通算される。

　　　時間外労働の上限規制（労基法第36条第３項から第５項まで及び第６項（第２号及び第３号に係る部分に限る。））が適用除外（同条第11項）又は適用猶予（労基法第139条第２項、第140条第２項、第141条第４項若しくは第142条）される業務・事業についても、法定

労働時間（労基法第32条）についてはその適用において自らの事業場における労働時間及び他の使用者の事業場における労働時間が通算される。

　なお、労働時間を通算して法定労働時間を超える場合には、長時間の時間外労働とならないようにすることが望ましい。

㈮　通算されない規定

　時間外労働（労基法第36条）のうち、労基法第36条第1項の協定（以下「36協定」という。）により延長できる時間の限度時間（同条第4項）、36協定に特別条項を設ける場合の1年についての延長時間の上限（同条第5項）については、個々の事業場における36協定の内容を規制するものであり、それぞれの事業場における延長時間を定めることとなる。

　また、36協定において定める延長時間が事業場ごとの時間で定められていることから、それぞれの事業場における時間外労働が36協定に定めた延長時間の範囲内であるか否かについては、自らの事業場における労働時間と他の使用者の事業場における労働時間とは通算されない。

　休憩（労基法第34条）、休日（労基法第35条）、年次有給休暇（労基法第39条）については、労働時間に関する規定ではなく、その適用において自らの事業場における労働時間及び他の使用者の事業場における労働時間は通算されない。

（平成30年1月策定　（令和2年1月改定））

10 副業や兼業の容認と健康管理

　会社で副業や兼業を認めるのであれば、本業と副業先等との合計した労働時間は、法定労働時間を超えた場合の限度時間（原則として1

か月45時間、１年360時間）内に収まるように社員に調整してもらうべきでしょう。限度時間（原則として１か月45時間、１年360時間）を超えた時間は過重労働であり、社員の健康を害してしまいます。

　もしも副業や兼業を認めるだけではなく、「奨励する」と言うのであれば、副業や兼業する社員の所定労働時間を減らし、所定外労働を禁止とすべきではないでしょうか。どんなに副業や兼業していようと「うちの社員」なのですから、健康で働けるように配慮すべきです。もちろん、社員本人にも健康で働き続けられるよう自覚してもらう必要があります。「副業・兼業の促進に関するガイドライン（令和２年１月改定版）」においても、「副業・兼業を行うに当たっては、副業・兼業による過労によって健康を害したり、業務に支障を来したりすることがないよう、労働者（管理監督者である労働者も含む。）が、自ら各事業場の業務の量やその進捗状況、それに費やす時間や健康状態を管理する必要がある。」と、くぎを刺しています。

　ある企業は、「副業や兼業について、当社は奨励しています」としながら、副業や兼業先で労働者として仕事をすることは許されず、「個人事業主やフリーランスとしての仕事のみ許す」としています。過重労働となっても「あくまでも健康の責任は本人の責任である」ということを明確にするためなのでしょうか。確かに、健康は本人の責任ですが、「労働時間が通算される労働者として働くのは許さない」というのはあまりにも悪どいような気がします。だったら奨励しなくてもいいのでは？と思いますが。

　副業や兼業を認めるならば、通算した労働時間で健康管理を考える必要があります。長時間労働にならないよう、少なくとも通算した労働時間が限度時間内に収まるように配慮すべきです。それができないなら、法的有効性は別として、会社のスタンスとして「副業や兼業を認めない」とすべきでしょう。

【副業・兼業の促進に関するガイドライン（令和２年９月１日改定）】以下、一部抜粋

3 企業の対応

(3) 健康管理

　使用者は、労働者が副業・兼業をしているかにかかわらず、労働安全衛生法第66条等に基づき、健康診断、長時間労働者に対する面接指導、ストレスチェックやこれらの結果に基づく事後措置等（以下「健康確保措置」という。）を実施しなければならない。

　また、健康確保の観点からも他の事業場における労働時間と通算して適用される労基法の時間外労働の上限規制を遵守すること、また、それを超えない範囲内で自らの事業場及び他の使用者の事業場のそれぞれにおける労働時間の上限を設定する形で副業・兼業を認めている場合においては、自らの事業場における上限を超えて労働させないこと。

（注）　労働安全衛生法第66条に基づく一般健康診断及び第66条の10に基づくストレスチェックは、常時使用する労働者（常時使用する短時間労働者を含む。）が実施対象となる。

　　　　この際、常時使用する短時間労働者とは、短時間労働者のうち、以下のいずれの要　件をも満たす者である（平成26年７月24日付け基発0724第２号等抜粋）。

- 期間の定めのない労働契約により使用される者（期間の定めのある労働契約により使用される者であって、契約期間が１年以上である者並びに契約更新により１年以上使用されることが予定されている者及び１年以上引き続き使用されている者を含む。）
- １週間の労働時間数が当該事業場において同種の業務に従事する通常の労働者の１週間の所定労働時間の３／４以上である者

ア　健康確保措置の対象者

　健康確保措置の実施対象者の選定に当たって、副業・兼業先における

労働時間の通算をすることとはされていない。

　ただし、使用者の指示により当該副業・兼業を開始した場合は、当該使用者は、原則として、副業・兼業先の使用者との情報交換により、それが難しい場合は、労働者からの申告により把握し、自らの事業場における労働時間と通算した労働時間に基づき、健康確保措置を実施することが適当である。

イ　健康確保措置等の円滑な実施についての留意点

　使用者が労働者の副業・兼業を認めている場合は、健康保持のため自己管理を行うよう指示し、心身の不調があれば都度相談を受けることを伝えること、副業・兼業の状況も踏まえ必要に応じ法律を超える健康確保措置を実施することなど、労使の話し合い等を通じ、副業・兼業を行う者の健康確保に資する措置を実施することが適当である。また、副業・兼業を行う者の長時間労働や不規則な労働による健康障害を防止する観点から、働き過ぎにならないよう、例えば、自社での労務と副業・兼業先での労務との兼ね合いの中で、時間外・休日労働の免除や抑制等を行うなど、それぞれの事業場において適切な措置を講じることができるよう、労使で話し合うことが適当である。

　さらに、使用者の指示により当該副業・兼業を開始した場合は、実効ある健康確保措置を実施する観点から、他の使用者との間で、労働の状況等の情報交換を行い、それに応じた健康確保措置の内容に関する協議を行うことが適当である。

4　労働者の対応

(1)　労働者は、副業・兼業を希望する場合にも、まず、自身が勤めている企業の副業・兼業に関するルール（労働契約、就業規則等）を確認し、そのルールに照らして、業務内容や就業時間等が適切な副業・兼業を選択する必要がある。例えば労働者が副業・兼業先の求職活動をする場合には、就業時間、特に時間外労働の有無等の副業・兼業先の

情報を集めて適切な就職先を選択することが重要である。なお、適切な副業・兼業先を選択する観点からは、ハローワークにおいて求人内容の適法性等の確認作業を経て受理され、公開されている求人について求職活動を行うこと等も有効である。また、実際に副業・兼業を行うに当たっては、労働者と企業の双方が納得感を持って進めることができるよう、企業と労働者との間で十分にコミュニケーションをとることが重要である。

(2) (1)により副業・兼業を行うに当たっては、副業・兼業による過労によって健康を害したり、業務に支障を来したりすることがないよう、労働者（管理監督者である労働者も含む。）が、自ら各事業場の業務の量やその進捗状況、それに費やす時間や健康状態を管理する必要がある。

　また、他の事業場の業務量、自らの健康の状況等について報告することは、企業による健康確保措置を実効あるものとする観点から有効である。

(3) そこで、使用者が提供する健康相談等の機会の活用や、勤務時間や健康診断の結果等の管理が容易になるようなツールを用いることが望ましい。始業・終業時刻、休憩時間、勤務時間、健康診断等の記録をつけていくような民間等のツールを活用して、自己の就業時間や健康の管理に努めることが考えられる。ツールは、副業・兼業先の就業時間を自己申告により使用者に伝えるときにも活用できるようなものが望ましい。

(4) なお、副業・兼業を行い、20万円を超える副収入がある場合は、企業による年末調整ではなく、個人による確定申告が必要である。

（平成30年1月策定　（令和2年1月改定））

副業や兼業における社会保険の適用

　副業や兼業している社員が、各会社において労働保険と社会保険が
どのように適用されるかどうかは、各保険によって相違しています。
各保険が適用されるかどうかは、以下のとおりです。

(1)　労働者災害補償保険の適用

　労働者災害補償保険は、全労働者に適用されるものです。アルバイ
トやパートタイマーとして働いていても、そして不法就労者であって
も労働者災害補償保険は適用されます。このため、副業や兼業などに
より複数の企業で働いている者は、各企業で当然に適用されます。

　ただし、副業や兼業先で個人事業主やフリーランス、ギグワーカー
などとなって業務を請負って仕事をしている者は適用されません。こ
れは、以下の各保険も同様です。

(2)　雇用保険の適用

　雇用保険は、週所定労働時間が20時間以上あり、かつ31日以上引き
続き雇用されることが見込まれる労働者が適用されます。このため、
週20時間以上あり、かつ31日以上雇用されることが見込まれるアルバ
イトやパートタイマーとして働いているのであれば、当然に被保険者
となります。

　ただし、副業や兼業などにより複数の企業で働いている者で、いず
れの企業においても適用要件を満たしている場合は、生計を維持する
に必要な主たる賃金を受ける企業で被保険者となります。このため、
社員であれば、通常は自社の雇用保険の被保険者であるだけです。

　ちなみに、令和4（2022）年1月1日からは65歳以上の労働者本人

の申出により、いずれの企業においても適用要件を満たしていない場合であっても、２つの企業の労働時間を合算して要件に該当する場合は、被保険者とする制度が試行的に開始されます。

(3) 社会保険（健康保険と厚生年金保険）の適用

　その事業所と常用的雇用関係にあるかどうかにより個別的に判断されます。１週間の所定労働時間が、正社員の４分の３以上であり、かつ１月間の労働日数が、正社員の４分の３以上であれば、パートタイマーであっても被保険者となります。ただし、４分の３未満であっても、次のいずれにも該当する者は適用されます。

(1)　週所定労働時間が20時間以上

(2)　月額給与が88,000円以上

(3)　勤務期間が１年以上

(4)　学生は適用除外

(5)　従業員501人以上の規模の企業（ただし、500人以下の企業については、労働者の過半数を代表する者との同意等があれば適用は可能です。また、従業員数501人以上の企業の規模は、令和４（2022）年10月１日から101人以上、令和６（2024）年10月１日から51人以上と段階的に引き下げられます。）

　このため、副業や兼業などにより複数の企業で仕事をしている者でも、500人以下の企業の社員であれば、通常は自社の健康保険と厚生年金保険の被保険者であるだけです。ただし、501人以上の企業であれば、いずれの企業においても適用要件を満たしている場合がありえます。この場合は、管轄の年金事務所と医療保険者を選択し、各企業からの報酬を合算して標準報酬月額を算定し、保険料は各企業で按分して支払うことになります。

【副業・兼業の促進に関するガイドライン（令和2年9月1日改定）】以下、一部抜粋

5　副業・兼業に関わるその他の制度について

(1)　労災保険の給付（休業補償、障害補償、遺族補償等）

　事業主は、労働者が副業・兼業をしているかにかかわらず、労働者を1人でも雇用していれば、労災保険の加入手続を行う必要がある。

　労災保険制度は労基法における個別の事業主の災害補償責任を担保するものであるため、従来その給付額については、災害が発生した就業先の賃金分のみに基づき算定していたが、複数就業している者が増えている実状を踏まえ、複数就業者が安心して働くことができるような環境を整備するため、「雇用保険法等の一部を改正する法律」（令和2年法律第14号）により、非災害発生事業場の賃金額も合算して労災保険給付を算定することとしたほか、複数就業者の就業先の業務上の負荷を総合的に評価して労災認定を行うこととした。

　なお、労働者が、自社、副業・兼業先の両方で雇用されている場合、一の就業先から他の就業先への移動時に起こった災害については、通勤災害として労災保険給付の対象となる。

　　（注）　事業場間の移動は、当該移動の終点たる事業場において労務の提供を行うために行われる通勤であると考えられ、当該移動の間に起こった災害に関する保険関係の処理については、終点たる事業場の保険関係で行うものとしている。（労働基準局長通達（平成18年3月31日付け基発第0331042号））

(2)　雇用保険、厚生年金保険、健康保険

　雇用保険制度において、労働者が雇用される事業は、その業種、規模等を問わず、全て適用事業（農林水産の個人事業のうち常時5人以上の労働者を雇用する事業以外の事業については、暫定任意適用事業）である。このため、適用事業所の事業主は、雇用する労働者について雇用保

険の加入手続きを行わなければならない。ただし、同一の事業主の下で、①１週間の所定労働時間が20時間未満である者、②継続して31日以上雇用されることが見込まれない者については被保険者とならない（適用除外）。また、同時に複数の事業主に雇用されている者が、それぞれの雇用関係において被保険者要件を満たす場合、その者が生計を維持するに必要な主たる賃金を受ける雇用関係についてのみ被保険者となるが、「雇用保険法等の一部を改正する法律」（令和２年法律第14号）により、令和４年１月より65歳以上の労働者本人の申出を起点として、一の雇用関係では被保険者要件を満たさない場合であっても、二の事業所の労働時間を合算して雇用保険を適用する制度が試行的に開始される。

　社会保険（厚生年金保険及び健康保険）の適用要件は、事業所毎に判断するため、複数の雇用関係に基づき複数の事業所で勤務する者が、いずれの事業所においても適用要件を満たさない場合、労働時間等を合算して適用要件を満たしたとしても、適用されない。また、同時に複数の事業所で就労している者が、それぞれの事業所で被保険者要件を満たす場合、被保険者は、いずれかの事業所の管轄の年金事務所及び医療保険者を選択し、当該選択された年金事務所及び医療保険者において各事業所の報酬月額を合算して、標準報酬月額を算定し、保険料を決定する。その上で、各事業主は、被保険者に支払う報酬の額により按分した保険料を、選択した年金事務所に納付（健康保険の場合は、選択した医療保険者等に納付）することとなる。

（平成30年１月策定　（令和２年１月改定））

 ## 12 社内副業制度の導入

　社外での副業や兼業ではなく、就業時間中に自社内の他の部署でも働ける「社内副業制度」を設けている会社があります。自社内の他の

部署で働ける時間は、会社の所定労働時間内で設定しているのが一般的ですが、逆に所定労働時間外で設定してあったりと、社内ルールはさまざまです。目的は、新規事業の開発であったり、社員の能力開発、横断的なコミュニケーションの促進、人脈作りなど、これもまたさまざまです。

　上司からは「この忙しい最中に、なんで他の部署の仕事までやるんだ！」「この部署の仕事に不満があるのか！」と不評であったり、上司や同僚との人間関係がこじれてしまうケースもあります。このため社内副業制度を導入する場合は、人事部が主体となることが望ましいでしょう。目的を明確にし、マッチングの方法や副業の期限などルールを設けておく必要があります。社内で副業を希望する社員と副業人材を受け入れたい部署を募るのも人事部等です。そしてマッチングできれば、副業制度を利用したい社員と直属の上司、先の部署の三者が合意したうえで業務内容を調整します。

　会社主導の異動ではなく、希望する社員本人による期限付き異動は、社内での人脈が広がり、自分の部署に戻ったときに、他の部署で働いた成果も還元されるはずです。

　副業や兼業もただ容認するだけではなく、またただ否定するだけでもなく、柔軟な発想をもって副業や兼業について検討していくと良いでしょう。

第7章
リモートワークによる
意識の変化

~たかがリモートワーク。リモート
ワークのための変革は不要！~

1 企業に求められる意識の変化

　新型コロナウイルス感染症拡大の影響下にある中、多くの企業や調査機関がリモートワークに関する調査を行っていました。その調査結果を見ると、ほとんどの調査結果において新型コロナウイルス感染症拡大の影響等により「実際に在宅勤務をやってみたら、出社しないとできないと思われていた仕事も在宅勤務で可能であると気付けた」「出張や外出をしなければならない仕事でもリモートワークで可能であると気付けた」と思った社員が多いことに気づかされます。そして、在宅勤務を実施した社員の大半が継続して在宅勤務を実施することを希望しています。また、在宅勤務を実施できなかった企業の社員の中にも、在宅勤務をしてみたいと思っている者が多く存在しています。

　新型コロナウイルス感染症拡大が問題となるほんの数か月前に、私がある公的機関の講演でリモートワークの必要性について訴えたところ、多くの社長や取締役、人事担当者が「リモートワーク、うちは無理ですね。リモートワークできる業務が限られている。」と言っていました。製造現場や建築現場、運送等の現場であれば「うちは無理」に該当するでしょうが、オフィスにいて、「うちは無理」とか、もしくは「できる業務が限られている」としたら、いまやリモートワークを「やる気がない」のか、「できないという思い込み」なのかしか考えられなくなっています。もしくは、実務的なこととして「紙や押印、社外からのアクセスの問題」なのかもしれ

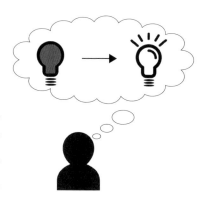

ません。これは、共に企業側の問題です。

　仕事は要素の塊であるはずです。要素ごとに仕事は振り分けられる
はずです。できないと言ってしまうことがおかしいように思います。
「社員が集まらないとできない。」確かに、「ない」とは言いませんが、
集まりはオンラインでもできる時代です。朝から晩までずっと顔を突
き合わせて一緒でなければできない仕事は限られています。もしも、
仕事を要素に分解できないとしたら、それは仕事を振る上司の問題で
す。リモートワークとは関係ありません。実務的な問題は、ペーパー
レス化の推進や押印の廃止、社外からのアクセスを可能にする等、い
まや政府や地方自治体まで推し進めている時代です。企業こそ率先し
て進めるべきです。積極的でない企業の典型的なところは、社長や役
員がそもそも理解不足であり、積極的利用を避けているところです。
社長や役員の問題でもあるのです。そして、以前であれば環境整備を
図るため、相当な資金を投入する必要がありましたが、いまや安価で
環境の整備が可能な時代です。もしも資金が足りないのであれば、社
員から知恵を出してもらえば、必ず資金以上の知恵で整備が可能です。
いまやそんな時代なのです。「資金がない」も、「やる気がない」と同
義語です。

マネジメントや評価制度、労務管理等の変革が必要？

　リモートワーク導入のために、マネジメントや評価制度、労務管理
等の変革が必要という話はよく聞きます。本当でしょうか？

　新型コロナウイルス感染症拡大の影響下にある中、実際に在宅勤務
等のリモートワークを行った社員と企業へのアンケート調査結果をい
ろいろみると、マネジメントや評価制度、労務管理等の変革が必要な
企業は多いかもしれませんが、それが「リモートワーク導入のため」

ではないように感じます。もともとの制度の問題です。

　リモートワークについてのアンケート調査結果は、概ね以下のようになっています。

社員のメリット	社員のデメリット
・通勤ストレスがない。通勤時間を節約できる。 ・交通状況や気候などに関係なく、仕事ができる。	・コミュニケーションが取りづらい。
・自分の仕事に専念・集中できる。（急な仕事の依頼や余計な会話が減って担当している仕事に集中できる） ・自分のペースで仕事ができる。	・仕事のオン／オフの切り替えが曖昧になりがちで、時間が早く過ぎると感じる。（仕事とプライベートの境目がない）
・リラックスしながら働ける。（職場の人との対人ストレスが減った） ・服装や髪型などを気にせず仕事ができる。	・長時間労働になってしまうことが多い。 ・仕事とそれ以外のメリハリがつけにくい。１日中時間に追われている。

(1)　社員のメリット

・「通勤時間を節約できる。」は、日本だけではなく、欧米でも一番のメリットという調査結果が出ています。いかに、無駄な「通勤時間」を、さも当たり前のように過ごしてきたのか考えてしまいます。「当たり前」を見直す。リモートワークを導入するために絶対に必要なことです。

・「自分の仕事に専念・集中できる。」とありますが、仕事のスイッチが切られてしまう理由は、電話、社内のやり取り、社内での雑談（上司や同僚、後輩から話しかけられるなど）が挙げられますので、そ

れが少なくなるということでしょう。仕事していると上司が、
「ちょっと」と、いますぐやらなければならないことでもないのに
呼ばれ、さらにその「ちょっと」がちょくちょくあり、「いっぺん
に言えよ！」と言いたくなるような場面を想像してしまいます。第
一生命のサラリーマン川柳の入選句に「コロナ禍が　程よく上司
を　ディスタンス」というのがありました。笑えます。

- 20代〜40代の社員は、リモートワークについてメリットと感じてい
るのに対して、社長から部長クラスは、メリットを感じていません。
ここに大いなるギャップがあります。

(2)　社員のデメリット

- 「コミュニケーションが取りづらい。」と多くの社員や上司が感じて
いるようですが、これをリモートワーク導入経験年数の長い企業だ
けの結果でみると、デメリットにあまり出て来ず、リモートワーク
も結局は慣れであり、経験年数が長くなると上手にコミュニケー
ショが取れているようです。欧米でもそれほど問題にはなっていま
せん。難しいのは、人間関係ができていない新しく採用された社員
であり、ここはやはり face to face が必要でしょう。

- 「仕事のオン／オフの切り替えが曖昧になりがち」は、EU でも問
題としているところです。仕事と家庭を明確に分けたい国は、特に
問題としています。ただし、時間外でもメール等が来ることによる
もので、フランスなどは「つながらない権利」を法規定しています。
「仕事のオン／オフの切り替えが曖昧になりがち」であれば、オン
とオフの切り替えができるように訓練するか、できないならリモー
トワークではなく、出社勤務してもらえば良いでしょう。繰り返し
ですが、全員一律である必要はないのです。もっと柔軟に働き方を
考えてみてください。

　　また、あえて、無理に切り替える必要もないのかなとも思ってい

ます。もともとプライベート空間で仕事をしている訳ですから。オンかなと思える時間で仕事さえきちんと終わらせていれば良いのです。

- 「長時間労働になってしまう」は、欧米でも問題としているところです。「仕事のオン／オフの切り替えが曖昧になりがち」とも重なるところでしょう。ただ、日本独特の理由として、「仕事が明確ではないから」「会社に出勤していないから、何していいか分からない」「上司が見ていないから、「サボっている」と思われてしまいそう」といったものがありそうです。

　会社に入れば「上司も社員もお互い、なんとなく仕事になっていた」のでしょうか。出社が仕事になっていた!?　これは大問題です。ただ、これはリモートワークを導入したからということではありませんね。隠れていた問題がリモートワークを導入したことにより表面化したということです。これは、以下の企業のデメリットにも通じることです。

企業のメリット	企業のデメリット
・拠点機能麻痺からのリスク分散（大規模な地震や大型台風、新型ウイルス感染拡大など）	・仕事の切り分けや評価等が難しい。マネジメントできない。 ・勤怠管理（時間管理）ができない。労働時間の申告が適正かどうかの確認が難しい。
・企業構造の変革（業務の見直し・人事制度の見直し・属人化された仕事の棚卸など）	・リモートワークできない仕事とのバランスが取れない。不公平感がある。
・全国から優秀な人材の採用が可能 ・居住地移転に伴う離職者の減少	・電話対応や契約書の押印、郵便などテレワークでは対応できない。

⑶　企業のメリット

- 「全国から優秀な人材の採用が可能」、これはリモートワークを導入している企業が多く言う内容です。しかし、リモートワークを導入している多くの企業が言っている訳ですから、そのうち当然ながら「全国から優秀な人材の採用が可能」な状態はなくなります。代わって、近い将来、優秀な人材の採用から優秀な人材の流出への歯止めにシフトすることでしょう。リモートワークを導入しない、リモートワークの導入を止めるという選択はもうないのです。リモートワークを止めた途端、社員から「僕も辞めます」という結果になりかねないのです。

- 日本では「労働生産性が向上する」というのがメリットにありません。逆に「労働生産性が下がった」という結果ばかりです。欧米の調査結果では「労働生産性が向上する」がメリットの上位に入ります。欧米のリモートワークは、「場所だけでなく時間的な制約もなく、柔軟な働き方」working anytime anywhere です。ところが日本は場所だけであって、時間的な制約を設けており、柔軟な働き方にはなっていません。その違いなのです。

　日本も時間的な制約をなくせば「労働生産性が向上する」はずです。事業場外労働による「みなし労働時間制」の採用がその解答の1つとなるはずです。

⑷　企業のデメリット

- 「仕事の切り分けが難しい。」、これは先述の通り、仕事を振る上司の問題です。リモートワークとは関係ありません。

- 「評価が難しい。」、会社にいないと評価ができないのでしょうか？　会社にいないと評価ができないとすれば、それこそがおかしいのではないでしょうか？　リモートワークにおいて「評価が難しい。」として問題にしているのは、実は日本だけであって、欧米では問題

になっていません。

　会社にいないと評価できない、上司の目の前にいないと評価できないとすれば、それは仕事で評価していなかったということです。業務の遂行状況を見ていなかった、見た目で、なんとなく「頑張っているな」という評価でしかなかったということです。つまりは、今まで評価しているようで実はまともに評価していなかったのがバレてしまっただけです。隠れていた問題が、リモートワークを導入したことにより表面化したということです。

　ちなみに、「仕事の切り分け」「評価」の解決策として、ジョブ型雇用という言葉がマスコミを賑わせています。ジョブ型雇用は、一般的に職務記述書（ジョブディスクリプション）を作成し、明記された職務をきちっと遂行するものです。職務記述書に明記されていないものは、自分の職務ではありませんので、依頼されても本来は拒絶されます。日本の企業において職務記述書以外の職務を依頼しないということがあり得るのか？　また、それを社員が拒むことができるのか？　正直無理ではないでしょうか。「職務記述書の内容を柔軟に変更させ、日本型の……」、それって、もともとジョブ型雇用ではありません。戦後の経済界の歴史において、何度も職務記述書や職務給の導入を試みましたし、政府も奨励しています。ところがただの一度も導入できた試しがないのです。一度もです。歴史は繰り返されることでしょう。

• 「労働時間の申告が適正かどうかの確認が難しい」、時間数の把握が管理なのでしょうか？　業務の遂行状況をきちんと管理していないから、時間数で管理することしかできないのではないでしょうか？社員を信じていないということでもあります。

　結局、「リモートワーク導入のために、マネジメントや評価制度、労務管理等の変革が必要か？」という問題は、リモートワークを導入

したから起こった問題ではありません。もともとのマネジメントや評価制度、労務管理等の問題であり、隠れていた問題がリモートワークを導入したことにより表面化しただけの話です。リモートワーク導入のために、マネジメントや評価制度、労務管理等の変革が必要な訳ではないのです。

　企業のメリットに「企業構造の変革（業務の見直し・人事制度の見直し・属人化された仕事の棚卸など）」とあります。デメリットと捉えるのか、メリット「変革のチャンス」と捉えるのか、これと表と裏の関係です。これからの企業の行く末も左右しそうな話です。リモートワーク導入のために、マネジメントや評価制度、労務管理等の変革は必要ありませんが、「変革のチャンス」を見逃す手もありません。是非この機会に、マネジメントや評価制度、労務管理等の変革を試みてください。

多様性

　リモートワークを導入すれば、企業の多様性（Diversity & Inclusion：多様性の受容）が広がります。障害者の雇用の機会が拡大し、病気を抱えながらでも仕事が続けられるようになり、健常者との壁が壊れるかもしれません。

　通勤の必要がなくなれば、移動の支障となるものに煩わされることもなく、いつもの生活環境で仕事ができるようになります。また自宅に使い慣れた機材があれば、その機材により仕事もできますので、仕事もやりやすくなります。職場環境や周囲に惑わされることもなく、集中して仕事をすることができますし、障害や病気の影響で職場では体調を崩しやすい人も、自分のペースで無理なく仕事が続けられます。重度の障害者であっても、がんなどの病気を抱え治療をしていても、

そのような状況下と関係なく、仕事ができますし、続けられます。

Diversity & Inclusion

多くの社員がこれから高齢化し、体力が低下し、病気になる可能性が高くなっていきます。障害や病気は、多くの社員の身近なものとなりつつあります。

障害も個性の１つであり、病気もまた個性の１つです。"Diversity & Inclusion（多様性の受容）"が求められる現在、さまざまな個性を持つ社員が活躍できるよう職場環境を改善させていく必要があります。そして、いま社員は「長く働き続けられる企業かどうか」を重視しています。病気になっても辞めなくても済む企業という訴えは、社員の健康を重視している「健康経営」の証拠となるものです。

リモートワークは、雇用の機会を広げ、どのような状況下であっても仕事が続けられる、そんな変化をもたらすことでしょう。

4 障害者雇用

障害者の雇用の促進等に関する法律では、障害者である労働者を採用した企業は、合理的配慮として障害の特性に配慮した職務の円滑な遂行に必要な施設の整備、援助を行う者の配置その他の必要な措置を講じなければなりません。また、これら必要な措置に関し、障害者である労働者からの相談に応じ、適切に対応するため相談窓口を定める等の雇用管理上必要な措置も講じなければなりません。

これらの措置は、企業の過重な負担にならない範囲で求められているものですが、合理的配慮は、障害者１人ひとりの状態や職場の状況などに応じて求められるものが異なり、多様で個別性が高いものです。したがって、具体的にどのような措置をとるかについては、障害者と

企業とでよく話し合った上で決める必要があります。合理的配慮は、個々に事情がある障害者と企業との相互理解の中で提供されるべきものです。そういった点では、リモートワークは、職場ではなく多くは自宅などの自らの生活に適した環境で仕事を行うため、まさに障害者１人ひとりの状態に応じた措置を取ることが可能です。障害者雇用ができていない企業は、これから「当社では障害者雇用は難しい」ではなく、「障害者雇用をする気がない」企業と思われてしまうでしょう。

障害者の雇用の促進等に関する法律

第36条の３　事業主は、障害者である労働者について、障害者でない労働者との均等な待遇の確保又は障害者である労働者の有する能力の有効な発揮の支障となっている事情を改善するため、その雇用する障害者である労働者の障害の特性に配慮した職務の円滑な遂行に必要な施設の整備、援助を行う者の配置その他の必要な措置を講じなければならない。ただし、事業主に対して過重な負担を及ぼすこととなるときは、この限りでない。

第36条の４　事業主は、前２条に規定する措置を講ずるに当たっては、障害者の意向を十分に尊重しなければならない。

2　事業主は、前条に規定する措置に関し、その雇用する障害者である労働者からの相談に応じ、適切に対応するために必要な体制の整備その他の雇用管理上必要な措置を講じなければならない。

5 病気を抱え、治療をしながらでも

　がん対策基本法の目的には、企業の責務についても明記されており、がんに罹患した社員が安心して暮らせるよう、企業にも雇用の継続等

を求めています。がんは誰しもが罹患する可能性のあるものです。「健康経営」と言われる時代、がんに対する知識を深め、治療しながら仕事を続けられる制度を考える必要があります。ここでもやはり、リモートワークであれば、職場ではなく自宅などの自らの生活に適した環境で仕事を行うため、体調管理に気をつけながら仕事を続けることが可能です。

　また、がんだけではなく、脳卒中や心疾患、糖尿病、肝炎など治療が必要な病気を抱える社員に対しても、企業において適切な就業上の措置や治療に対する配慮が行われるよう求められています。「事業場における治療と仕事の両立支援のためのガイドライン（令和２年３月改訂版）」などを参考にすると良いでしょう。

 # 育児や介護のための短時間勤務制度

　リモートワークの導入は、育児や家族介護のための短時間勤務制度の利用状況に変化を及ぼしています。自宅等で就業できれば、事業場外労働による「みなし労働時間制」を採用できれば、必ずしも短時間勤務制度を利用する必要がなくなるからです。このため、短時間勤務からフルタイム勤務に復帰する社員も増えています。短時間勤務の社員のほうが、労働生産性は高いと先述しましたが、一方で短時間勤務の社員と周囲で一緒に働く同僚社員は、仕事のしわ寄せが来てしまい、業務の負担が増大しています。これが、マタニティハラスメントの原因の１つにもなっているのです。

　リモートワークは、いままでの「育児や家族介護のために短時間勤務制度の利用をしなければならない」という理由の選択肢が減り、社員のキャリア形成の上でも、いままでどおり仕事を続けられるのですから良い影響があることでしょう。

がん対策基本法

（目的）

第1条　この法律は、我が国のがん対策がこれまでの取組により進展し、成果を収めてきたものの、なお、がんが国民の疾病による死亡の最大の原因となっている等がんが国民の生命及び健康にとって重大な問題となっている現状並びにがん対策においてがん患者（がん患者であった者を含む。以下同じ。）がその状況に応じて必要な支援を総合的に受けられるようにすることが課題となっていることに鑑み、がん対策の一層の充実を図るため、がん対策に関し、基本理念を定め、国、地方公共団体、医療保険者、国民、医師等及び事業主の責務を明らかにし、並びにがん対策の推進に関する計画の策定について定めるとともに、がん対策の基本となる事項を定めることにより、がん対策を総合的かつ計画的に推進することを目的とする。

（事業主の責務）

第8条　事業主は、がん患者の雇用の継続等に配慮するよう努めるとともに、国及び地方公共団体が講ずるがん対策に協力するよう努めるものとする。

（がん患者の雇用の継続等）

第20条　国及び地方公共団体は、がん患者の雇用の継続又は円滑な就職に資するよう、事業主に対するがん患者の就労に関する啓発及び知識の普及その他の必要な施策を講じるものとする。

7 居住地の自由化

いま、都市部から郊外や地方への移住が増えています。実際に、首

都圏から他県への転出者も増えています。生活の質（QOL、Quality Of Life）を高めたいという20代から40代の移住が進んでいるのです。

全面的にリモートワークを導入している企業では、職住近接である必要性がなくなり、オフィスからはるか離れた地方に居住し、仕事を行うことが可能となっています。首都圏にオフィスを構える社員の居住地が、北海道や沖縄であったりするのです。リモートワークを経験すれば、どこに住んでも仕事に支障がないと実感するのです。このため、居住地の自由化は、地方において職場や時間の制約があり働けなかった人にも、新たな雇用の機会を広げています。企業が場所の制約なく、全国から優秀な人が集められるようになるからです。そして、海外からもです。

　また、企業そのものもオフィスが都市部である必要がないと、郊外や地方へと移転しています。パソナグループは首都圏から兵庫県淡路島へ本社機能を移転しています。大企業においても「脱・首都圏」の動きが出ているのです。さらには、本社機能を VR、（Virtual Reality）の世界に移転するとした企業までもあります。リスク分散の観点からも首都圏に集中していたオフィスを新たに他の地域へと分散しています。

8 オフィスは不要!?

　リモートワークを導入している企業では、社員の働く場所を企業で用意する必要がないため、社員の専用のデスクも不要となり、大きなオフィスも不要となっています。オフィス賃料等の不動産経費の削減にもつながり、固定費のコスト削減にも役立っています。全面的にリモートワークを導入している企業であれば、オフィスそのものが不要であり、それこそ本社機能をVR、（Virtual Reality）の世界に移転してしまえば、不動産経費や固定費がゼロということもあり得ます（登記上は、実際の住所が必要です）。

　一方でオフィスを縮小する代わりに郊外や地方にオフィスを構え、オフィスの分散化、サテライトオフィスを多様化している企業も多くあります。サテライトオフィスは、まさに企業のリスク分散でもあります。富士通は、オフィス面積を半減させ、全国の事業地域ごとに商談ができるサテライトオフィスを設置しています。サテライトオフィスの充実などで投資も必要となりますが、賃貸オフィスを順次解約することなどの効果により約3年で回収できるとしています。

9 転勤に伴う転居がなくなる？

　リモートワークが進めば転勤に伴う転居がなくなる可能性があります。リモートワークで転勤先の仕事をこなす「リモート転勤」なるものも出てきています。そもそもこれを転勤というのかどうかさえ疑問です。社員が退職を考えるきっかけの1つが転勤と言われています。社内で実績を積んだ社員の退職は、企業にとっても痛手です。また、

多くの女性社員がこれまで結婚や子育てなどの理由から転勤をためらい、退職しています。転勤に転居が伴わなければ、転勤先での幅広い経験を積むことができ、キャリア形成も途絶えることがなく可能性が大きく広がってきます。そして家族の介護の問題。これから多くの社員が親の介護の問題に直面します。転居を伴う転勤であれば、家族の介護が難しくなり、当然に退職という選択肢が出てきます。転勤に伴う転居がなければ親の介護をしながら仕事も続けられます。働き方の選択肢が増えるのです。

　転勤等の配置転換は、解雇を認めない日本においては必要な人事制度であり、判例においても「通常甘受すべき程度を著しく超える不利益を負わせるもの」でなければ拒否はできず、本人の同意も不要としています。転勤等の配置転換に伴う転居がなくなれば、そもそも社員が拒否する必要もなくなり、さらに地域限定社員のような雇用形態も不要になってくるのかもしれません。

 現場での仕事でさえもリモートワーク

　現場作業では無理だと思われていたリモートワークも、IT技術やVRなどの遠隔技術を活用することによりリモートワークが少しずつ広がりを見せています。AIによる自動運転技術も実用化しつつあります。

　製造現場では、技術者が自宅で溶
接作業をこなしたり、オンラインで
新人の育成や指導をしています。ま
た、これまで現場で実施していた作
業を VR によって遠隔で行っていま

す。建設現場では、無人のショベルカーが動き出し、土砂をダンプカー
に積み込んでいます。建設機材を遠隔操作しているのです。施工管理
をアプリで行っています。国土交通省も IT で生産性を高める「アイ・
コンストラクション」を推進しています。旅客現場では、電車や地下
鉄などは既にほぼ自動運転に近くなっています。そのうち、バスやタ
クシーも自動運転化することでしょうし、運送の大型トラックですら、
自動運転化が実現することでしょう。

　いまやスポーツの世界ですらリモートにより競技する時代です。そ
のうちに「現場作業にリモートワークは無理」というほうが非現実的
となり、「どうすれば……」と考えるほうが現実的となるかもしれま
せん。

11 リモートワークから
バーチャルオフィスへ

　リモートワークの話を延々としてきましたが、リモートワークは既
に次の段階に移っています。いまはインターネットでつながるバー
チャルオフィスに自分の分身であるアバターで出社勤務するところま
できているのです。

　リモートワークと大きく違うところは、出社することです。ただし、
パソコンからインターネットでです。自宅等にいながらインターネッ
ト上のバーチャルオフィスに出社し、社員の分身であるアバターを動
かして、実際に勤務します。VR ゴーグルを使用すれば、まさしくそ

こは現実の世界です。同僚や上司が、同じ空間におり、コミュニケーションが可能です。全体での会議はもちろん、1対1での打合せや相談も可能なのです。集中して仕事する空間や、皆で雑談できる空間もあり、バーチャ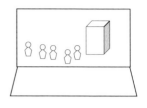ルオフィス内での距離感により、聞こえてくる人の声の音量まで変化します。アイデアは、人と何気なく話をしているときや偶発的なコミュニケーションから生まれることも多いですが、そんな空間もあるのです。同じ空間にいる、という安心感や共有感が得られるのです。さらには、外出？して、リモートで開催される展示会に行ったり、国際会議においてアバター同士で白熱した議論を展開していきます。アフターファイブには、リモート開催されるコンサートに行ったりと、いまやそんな段階にきています。

　アメリカの不動産会社である eXp Reality（従業員数約12,000人）では、社員の約4分の3がバーチャルオフィスに勤務しています。日常的な会議や、教育研修を受けるのもバーチャルオフィスです。建築業者など関係者との打合せもバーチャルオフィスで行っています。アメリカは車社会です。これだけの人数の通勤がなくなったというだけでも、莫大な量のエネルギーが節約されたことが分かります。世界の同規模の企業と比べれば、明らかに CO_2 排出量は少ないと言えるでしょう。そんな地球環境に優しい企業でもあります。

　リモートワークの導入に迷っているそんな段階はもう終わりました。段階は既にリモートワークからバーチャルオフィスへと移っているのです。

参考となる資料

　参考となるガイドブックや Web サイトなどが、総務省・厚生労働省・経済産業省・国土交通省などの省庁およびテレワーク協会などが提供しています。通達やガイドラインは改定されますので、適宜最新版を参照してください。

Web サイト
- 総務省　テレワーク総合情報サイト「Telework Net」
- 厚生労働省　「テレワーク総合ポータルサイト」
- 国土交通省　「テレワーク」

リモートワークにおける労務管理に関するガイドブック等
- テレワークを有効に活用しましょう　～新型コロナウイルス感染症対策のためのテレワーク実施～【厚生労働省】
  　　リモートワークを実施するに当たっての留意事項や参考資料などを、わかりやすくコンパクトにまとめられたリーフレットです。
- テレワークではじめる働き方改革～テレワークの導入・運用ガイドブック～【厚生労働省】
  　　主として労務・人事の観点からテレワークの導入・運用についてまとめられたものです。
- THE Telework GUIDEBOOK 企業のためのテレワーク導入・運用ガイドブック【国土交通省、総務省、厚生労働省及び経済産業省】
  　　リモートワークを導入しようと考えている企業、あるいは既にリモートワークを導入したものの、リモートワークの運用が円滑に進んでいない企業を支援するための手引書です。
- テレワーク導入のための労務管理等 Q&A 集【厚生労働省】

リモートワーク導入にあたっての労務管理上の課題等について
　Q&A式にまとめたパンフレットです。
●テレワークモデル就業規則〜作成の手引き〜【厚生労働省】
●「自宅でのテレワーク」という働き方【厚生労働省】
●情報システム担当者のためのテレワーク導入手順書【総務省】
　　　企業のシステム担当者、総務・人事部内担当者の方向けに、リモート
　ワークの基礎知識や導入プロセス、ルールづくりなどの実務的な知識・
　方法をわかりやすく解説した手順書です。

ガイドライン・FAQ・指針

●テレワークの適切な導入及び実施の推進のためのガイドライン
●労働時間の適正な把握のために使用者が講ずべき措置 に関するガイド
　ライン
●在宅勤務に係る費用負担等に関するFAQ（源泉所得税関係）令和3年
　1月
●労働基準法第38条の4第1項の規定により同項第1号の業務に従事する
　労働者の適正な労働条件の確保を図るための指針
●副業・兼業の促進に関するガイドライン（令和2年9月改定版）

リモートワークセキュリティに関する参考情報

　リモートワークに関係する各機関から、リモートワークを行う際のセ
キュリティ上の留意点等について周知が行われています。

●中小企業等担当者向けテレワークセキュリティの手引き（チェックリス
　ト）【総務省】
　　　中小企業等の担当者がリモートワーク導入や利用を進めるに当たり、
　中小企業等が考慮すべきセキュリティリスクを踏まえ、実現可能性が高
　く優先的に実施すべきセキュリティ対策を簡潔に示しています。
●テレワークセキュリティガイドライン（第4版）【総務省】

　企業等がリモートワークを実施する際のセキュリティ上の不安を払拭し、安心してリモートワークを導入・活用するために、リモートワークの導入に当たってのセキュリティ対策についての考え方や対策例を示しています。

●インターネットの安全・安心ハンドブック【内閣サイバーセキュリティセンター】

　インターネットの利用に当たっての一般的な留意点をハンドブックとして示したものです。

●サイバーセキュリティ経営ガイドライン　Ver2.0【経済産業省／独立行政法人情報処理推進機構】

　企業の経営者を対象に、経営者のリーダーシップの下で、サイバーセキュリティ対策を推進するための観点からとりまとめた資料です。

●中小企業の情報セキュリティ対策ガイドライン【独立行政法人情報処理推進機構】

　中小企業の経営者や実務担当者が、情報セキュリティ対策の必要性を理解し、情報を安全に管理するための具体的な手順を示したものです。

●テレワーク実施者の方へ【内閣サイバーセキュリティセンター】

●テレワークを実施する際にセキュリティ上留意すべき点について【内閣サイバーセキュリティセンター】

●テレワーク等への継続的な取組に際してセキュリティ上留意すべき点について【内閣サイバーセキュリティセンター】

●テレワークを行う際のセキュリティ上の注意事項【独立行政法人情報処理推進機構】

●著者略歴

奥村　禮司（おくむら　れいじ）

社会保険労務士
学校法人産業能率大学総合研究所兼任講師

昭和40年（1965年）生まれ
大学在学中、糸川英夫博士（※）に師事
　※日本の宇宙開発・ロケット開発の父。小惑星探査機はやぶさが持ち帰った
　　小惑星「イトカワ」の名前になった博士。ゼロ戦設計者堀越二郎博士の東
　　大工学部航空学科9年後輩で、一式戦闘機「隼（はやぶさ）」の設計にも携
　　わっていた。
大学卒業後会社員生活を経て、社会保険労務士業開業

　企業からの相談業務のほか、企業研修を始め、自治体や商工会議所、中
小企業基盤整備機構等での研修講演、全国各地の社会保険労務士会・税理
士会や弁護士法人等での研修講演に講師として招かれている（オンライン
を含む）。
　その他、経済連携協定（EPA）による来日外国人向け研修や、社会保
険労務士試験受験講座（TAC）、FP技能士検定試験受検講座（きんざい）
などの講師も行っている。

【連絡先】
E-mail：shu-dan@pnw.to

【主な著書】
『多様な労働時間管理の運用と就業規則への規定の仕方』（日本法令）、『フ
レキシブル・ワーク・アレンジメントによるこれからの労働時間管理』（日
本法令）、『労務管理の基本的な考え方』（産業能率大学）、『労務管理の実
践』（産業能率大学）、『FPのための労務問題事例集』（きんざい）など

リモートワークに
労働時間管理はいらない

令和3年7月20日　初版発行

〒101-0032
東京都千代田区岩本町1丁目2番19号
https://www.horei.co.jp/

検印省略

著　者	奥　村　禮　司	
発行者	青　木　健　次	
編集者	岩　倉　春　光	
印刷所	東　光　整　版　印　刷	
製本所	国　　宝　　社	

（営　業）TEL　03-6858-6967　　Eメール　syuppan@horei.co.jp
（通　販）TEL　03-6858-6966　　Eメール　book.order@horei.co.jp
（編　集）FAX　03-6858-6957　　Eメール　tankoubon@horei.co.jp

（バーチャルショップ）https://www.horei.co.jp/iec/
（お詫びと訂正）https://www.horei.co.jp/book/owabi.shtml
（書籍の追加情報）https://www.horei.co.jp/book/osirasebook.shtml

※万一、本書の内容に誤記等が判明した場合には、上記「お詫びと訂正」に最新情報を掲載
　しております。ホームページに掲載されていない内容につきましては、FAXまたはEメー
　ルで編集までお問合せください。